니체의 지혜

한 권으로 읽는 니체의 명문장   니체의 지혜

프리드리히 니체 지음 | 홍성광 편역

❀ 을유문화사

홍성광

서울대학교 인문대 독문과 및 대학원을 졸업하고,「토마스 만의 장편 소설
『마의 산』의 형이상학적 성격」으로 박사 학위를 받았다. 역서로는 토마스 만의
장편『마의 산』,『부덴브로크가의 사람들』, 중단편 소설집『베네치아에서의
죽음』, 쇼펜하우어의『의지와 표상으로서의 세계』, 니체의『차라투스트라는
이렇게 말했다』,『도덕의 계보학』, 카프카의 중단편 소설집『변신』,
장편『소송』,『성』, 괴테의『이탈리아 기행』, 헤세의『싯다르타』,『내게 손을
내밀다』, 레마르크의『서부전선 이상 없다』, 미카엘 엔데의『마법의 술』,
하이네의『독일·겨울동화』, 그림 형제의『그림 동화집』등이 있다.
현재 전문 번역가로 활동하고 있다.

니체의 지혜

발행일
2013년 10월 25일   초판 1쇄
2018년 9월 20일   개정판 1쇄
2024년 1월 10일   개정판 3쇄

지은이   프리드리히 니체
엮은이   홍성광
펴낸이   정무영, 정상준
펴낸곳   (주)을유문화사

창립일   1945년 12월 1일
주소   서울시 마포구 서교동 469-48
전화   733-8153
팩스   732-9154
홈페이지   www.eulyoo.co.kr

ISBN 978-89-324-7389-5 03100

머리말

니체는 현대 철학자 중에서 누구보다도 대중의 사랑을 많이 받는 철학자이다. 철학사의 지평에서 본다면 그는 쇼펜하우어와 딜타이와의 관계에서 다루어져 왔다. 니체는 쇼펜하우어의 주의주의 철학으로 정신적 성장에 큰 자양분을 얻었고, 딜타이는 '삶의 철학'이라는 관점에서 니체와 더불어 문제시되었다. 그러나 많은 사람들이 니체의 글을 읽고 감탄하지만 정작 그의 글을 제대로 이해하는 사람은 드물다. 『차라투스트라는 이렇게 말했다』가 누구의 작품인지 모르는 사람은 거의 없겠지만, 비유적인 표현으로 인해 그 작품을 제대로 이해하는 사람이 드문 것이다. 니체자신도 서문에 "모든 사람을 위한, 그러나 그 누구를 위한 것도 아닌 책"이라는 부제를 달아 놓았으니, 그 책이 읽히고 이해되기를 기대하지도 바라지도 않았다고 볼 수 있다. 심지어 그는 『이 사람을 보라』에서 "나는 읽히지 않는다. 나는 읽히지 않을 것이다"라고 말하기까지 한다.

그러는 바람에 니체 독서는 오독의 역사라고 할 수 있다. 니체는 파시즘의 철학적 지주로서 예찬되기도 했고 그러기에 비난받기도 했다. 파시즘의 흥망성쇠에 따라 그에 대한 해석도 부침을 겪었다. 그러다가 1960년대 이탈리아와 프랑스로부터 새로운 니체 물결이 일면서 그 열기가 독일로 역수입되어, 1980년대에는 독일과 이탈리아에서 니체에 대한 향수와 열광의 물결이 서서히 고개를 들기 시작했다. 특히 경제적 침체, 실업 증가 등으로 인한 사회적 불안이 맞물리면서 파시즘에 대한 향수가 일어날 때 니체에 대한 열기도 고조되어 왔다.

그러나 니체는 파시즘, 반유대주의, 인종차별, 현실적-정치적 영웅주의, 독일 국수주의 등과 같은 극우주의와는 무관하고, 오히려 그런 것에 반대하는 입장이다. 니체의 엘리트주의는 신분적 귀족주의가 아니라 관계의 긴장을 고조시키는 정신적 귀족주의이다. 니체의 주인도덕은 천박한 시대의 조류에 따르는 것을 단호히 배격하고, 그런 조류를 따르는 자들을 노예도덕의 소유자라고 보고, 위버멘쉬Übermensch에 대칭되는 최후의 인간末人, 末種이라고 칭한다. 니체의 글이 내용면에서 복합적이고 여러 가지 모습을 하고 있기 때문에 지금과 같은 오류가 빚어졌던 것이다. 니체는 자신의 사상을 효과적으로 전달하기 위해 온갖 다양한 문체를 선택한다. 잠언이나 시 형식의 글이 있는가 하면, 논문이나 에세이 형식의 글도 있다. 니체는 아포리즘을 이해하려면 봉우리에서 봉우리로 걸어갈 수 있는 정신의 거인이라야 가능하다고 말한다. 아포리즘은 우리가 잘 알고 있다고 생각하는 사물을 낯설게 제시해서 다르게 생각하도록 요구한다. 이처럼 아포리즘은 다양한 사유 실험을 하기에 적합한 글쓰기이다.

니체라는 큰 산을 등반하기 위해서는 무엇보다 그의 글을 제대로 읽어야 한다. 그러나 일반 독자는 그의 주저主著인 『차라투스트라는 이렇게 말했다』를 읽어도 무슨 말인지 알 수 없고, 그의 전체 작품을 다 읽는다는 것도 힘든 일이다. 그러기에 이 책은 그의 전체 작품 중에서 주로 아포리즘을 통해 그와 그의 사상, 그의 작품의 이해에 한 걸음 다가가고자 한다. 니체는 『인간적인 것, 너무나 인간적인 것』에서부터 아포리즘 형식으로 글을 쓰기 시작했으므로, 이 책도 거기서부터 출발한다.

니체 연구자들은 그의 철학의 발전 과정을 흔히 세 단계로 나누고 있다. 다시 말해 1876년 여름까지의 낭만적 시기, 1882년 여름까지의 실증주의적 시기, 1889년 초까지의 창조적 시기가 그것이다. 첫 번째 단계는 『비극의 탄생』, 『반시대적 고찰』(1873~1876)을 쓰던 시기이다. 니체는 이 저작에서 이성의 과도한 지배로 서양 정신이 퇴화되었다고 보고 바그너의 음악 정신에서 그 대안을 찾는다. 바그너 음악과 쇼펜하우어의 의지 철학의 영향을 받은 낭만적 시기는 1876년 여름, 바이로이트에서 바그너 축제극을 본 후 그와 결별하면서 끝이 나고 실증주의적 시기로 접어든다. 이 두 번째 단계에서 니체는 자유정신의 소유자로서 기존의 것을 파괴하면서 비판적이고 실증주의적인 경향을 띤다. 그 후 루 살로메와 만나 청혼하고 거절당하는 해인 1882년 여름부터 정신 이상으로 쓰러지기 전인 1889년 초까지가 니체 철학이 완성되는 세 번째 단계이다.

니체의 아포리즘 양식은 중기 작품인 『인간적인 것, 너무나 인간적인 것』에서부터 시작된다. 이 작품을 쓰던 1879년에 니체는 건강이 악화되어 바젤 대학에서 퇴직한다. 이 시기부터 니체와 바그너의 관계는 열광에서 갈등, 좌절 국면으로 빠져들고 건설을 위한 파괴가 시작된다. 그는 천재 바그너의 '인간적인' 모습에 환멸을 느낀 것이다. 이어서 나온 『아침놀』, 『즐거운 학문』에서 니체는 예술에 대한 맹목적 열광에서 벗어나 냉정한 회의주의자와 심리 분석가의 면모를 보인다. 그리하여 그는 이성을 다시 수용하여 계몽주의자의 모습마저 보이는데 특히 『아침놀』에서 그런 면모가 잘 드러난다. 두 번째 단계에서 니체는 음악에 대해서도 회의적인 시각을 가지며, 영감이나 천재성보다 이성을 더 높이 평가한다.

마지막 단계의 저서인 『차라투스트라는 이렇게 말했다』, 『선악의 저편』, 『우상의 황혼』에서 니체는 쇼펜하우어의 의지 개념과 흡사한 힘에의 의지라는 방법적 원리를 동원해 비도덕주의, 가치의 전도, 운명애, 영원회귀, 위버멘쉬 사상을 주창한다. 그 노력의 결과가 바로 자신과 세계를 긍정하고 위대한 건강을 지향하는 디오니소스적 긍정의 인간이다. 위버멘쉬는 스스로 가치 부여를 할 줄 아는 독립적이고 주체적이며 창의적인 인간 유형이다. 그것은 자신의 스승인 쇼펜하우어와 바그너 같은 금욕적 인간과 반대되는 유형이다.

니체의 말은 독하다. 희석해서 들어야 할 정도로 너무 독하다. 그의 독화살의 예봉을 피할 수 있는 사람은 완성된 단계에 이른 차라투스트라 외에는 별로 없다. 그래도 니체는 헤라클레이토스, 스피노자에게서 친구를 발견한다. 기독교, 불교도 염세주의라는 낙인에서 벗어나지 못하지만, 그래도 불교를 다소 긍정적으로 본다. 신의 죽음에 대한 니체의 선언은 중세적인 진선미의 조화가 깨졌다는 의미이다. 성을 불문하고 인간이라는 종種 전체가, 그러니까 독일인도 그의 비판에서 자유롭지 못하다. 차라투스트라는 인간을 대지에 난 질병이라 말한다. 니체가 특히 기독교를 가혹하게 비판하는 것은 기독교가 인간을 죄인, 그것도 영원한 죄인으로 만들었다고 보기 때문이다. 또 니체가 민주주의, 사회주의, 아나키즘에 정신의 망치를 휘두르는 이유는 그것들의 공통된 뿌리를 기독교의 노예적 욕망으로 보기 때문이다. 니체는 모든 개인이 주인적 존재가 되려고 노력하는 사회가 이상적인 상태이며, 그것이 구현되는 사회에서 비로소 위대한 정치가 가능하다고 본다. 니체의 독설은 신과 인간, 학문의 영역을 넘어 노동의 기계화와 비인간화, 상업 문화의 대두, 천민자본주의, 소비 욕구의 조작에 대한 비판까지 이른다.

이처럼 총체적으로 볼 때 니체에게는 예술가와 철학자, 자유정신의 소유자, 철학적 심리 분석가로서의 모습이 다양하게 섞여 있다. 니체는 인간과 세상의 병의 징후를 진단하고 치유하는 의사이고, 자신의 도덕 목록을 갖고 웃고 춤추며 건강하게 살기를 가르치는 교육자이자 계몽가다. 그는 자신을 알고 사랑하며 긍정할 줄 아는 건강한 삶을 강조하면서, 위대한 건강이 실현되는 행복한 삶을 꿈꾼다. 니체의 모토는 '웃고 노래하며 춤춰라'이다. 니체가 보여 준 사유의 전환은 현대 철학의 형성에 풍부한 자양분을 제 공해 주었다. 그의 사상은 오늘날 철학뿐만 아니라 문학, 정신분석학, 심리학, 신학, 사회학 등의 인문 사회 분야와 음악, 미술, 건축 등 예술 분야에 이르기까지 큰 영향을 미 치고 있다.

일러두기

본 책은 니체의 여러 저서에서 발췌한 글들을 모았습니다.
각 글의 소제목 중에는 편역자가 붙인 것도 있음을 밝힙니다.

차례

I
자신을 알고
자신의 길을 가기

그대가 마주칠 수 있는 가장 고약한 적은
언제나 그대 자신일 것이다.

『차라투스트라는 이렇게 말했다』

"너 자신을 알라"는 무슨 뜻일까?

"너 자신을 알라!"고 충고했던 저 신은 무엇을 말하려 했을까? 이 말은 아마 "너와 무언가를 상관시키지 마라! 객관적으로 되라!"는 뜻이었을 게다. ─그런데 소크라테스는 어떤가? ─그리고 '학문적인 인간'은 어떤가?

『선악의 저편』

무엇으로 사람들은 자신을 알게 되는가?

짐승은 다른 짐승을 보자마자 속으로 그 짐승과 우열을 겨루어 본다. 야만 시대의 인간들도 이와 마찬가지의 일을 했다. 이런 사실에서 인간은 거의 모두 자신의 방어력이나 공격력과 관련해서만 자신을 알게 된다는 사실이 밝혀진다.

『아침놀』

자기관찰의 어려움

인간은 자기 자신으로부터, 자기 자신에 의한 정찰이나 포위로부터 잘 방어되고 있다. 그는 보통 자신에 관해 성의 외벽 이상은 감지할 능력이 없다. 진짜 요새엔 접근하기도 어렵고, 그것이 보이지도 않는다. 친구나 적이 배신자 역할을 해서 그를 비밀 통로로 데려가지 않는다면 말이다.

『인간적인 것, 너무나 인간적인 것』

가장 고상한 위선자

자기 자신에 대해 전혀 아무 말도 하지 않는 것은 고상한 위선이다.

『인간적인 것, 너무나 인간적인 것』

자신의 상황을 안다는 것

우리는 우리 개개인의 힘은 평가할 수 있지만, 우리 자신
의 힘은 평가하지 못한다. 상황이 이 힘을 우리에게 숨기
거나 보여 줄 뿐만 아니라 증대시키거나 감소시키기도 한
다. 인간은 자신을 가변적인 크기로 간주해야 한다. 상황
이 유리할 때는 그의 능력이 최고 높은 수준에 이를 수도
있다. 그러므로 우리는 상황에 대해 곰곰이 생각하고, 열
심히 상황을 관찰해야 한다.

『아침놀』

성격이 강해 보이는 사람

어떤 사람의 성격이 강해 보이는 것은 항상 자신의 원칙을 따르기 때문이라기보다는 항상 자신의 기질을 따르기 때문인 경우가 훨씬 빈번하다.

『인간적인 것, 너무나 인간적인 것』

자선가

자선가는 자선을 베풀 때 자신의 감정 욕구를 충족시킨다. 이러한 욕구가 클수록 그는 자신의 욕구를 달래는 데 일조하는 다른 사람의 입장을 덜 생각한다. 그는 이해심이 없어지고 경우에 따라서는 남의 감정을 상하게 하기도 한다. (사람들은 유대인의 자선과 자비를 두고 그런 말을 한다. 알다시피 유대인은 다른 민족에 비해 자선과 자비를 베푸는 마음이 더 뜨겁다.)

『아침놀』

자신의 견해가 있는가?

우리가 어떤 문제에 대해 갑자기 질문 받았을 때 떠오르는 최초의 견해는 보통 우리 자신의 견해가 아니라 우리의 계급, 지위, 출신에 속하는 통상적인 견해일 뿐이다. 우리 자신의 견해가 표면에 떠오르는 경우는 드물다.

『인간적인 것, 너무나 인간적인 것』

농부 같은 자가 주인이 되어야 한다

오늘날 내가 볼 때 최고이자 가장 사랑스러운 자는 건강한 농부이다. 거칠고 교활하며, 완강하고 끈질긴 농부이다. 이들이야말로 오늘날 가장 고상한 족속이다.

오늘날 농부가 최상이다. 농부 같은 자가 주인이 되어야 한다! 하지만 우리가 사는 곳은 천민의 나라이다. 나는 더 이상 아무것에도 속아 넘어가지 않겠다. 천민은 잡동사니에 지나지 않는다.

『차라투스트라는 이렇게 말했다』

자신의 길을 가는 자

어떤 자가 자신의 길을 가는지 알려면 그의 걸음걸이를 보면 된다. 내가 걷는 모습을 보라! 그런데 자신의 목표에 가까이 다가가는 자는 춤을 추는 법이다.

대지에 수렁과 깊은 슬픔이 있다 하더라도, 발이 가벼운 자는 진창 위를 사뿐히 걸으며 반반한 얼음 위에서처럼 춤을 춘다.

『차라투스트라는 이렇게 말했다』

우리는 누구인가?

우리는 우리 자신을 잘 알지 못한다. 우리, 인식하는 자들
조차 우리 자신을 잘 알지 못한다. 여기에는 그럴만한 이
유가 충분히 있다. 우리가 우리 자신을 한 번도 탐구해 본
적이 없었기 때문이다. 우리가 어느 날 우리 자신을 발견
하는 일이 어떻게 일어난단 말인가? "너희의 보물이 있는
곳에 너희의 마음도 있다"*고 한 말은 옳다.

『도덕의 계보학』

---

* 「마태복음」 제6장 21절.

자신에 이르는 길을 가라

그대가 마주칠 수 있는 가장 고약한 적은 언제나 그대 자신일 것이다. 그대 자신은 동굴과 숲속에서 그대를 기다리며 숨어 있다. 고독한 자여, 그대는 그대 자신에 이르는 길을 가고 있는 것이다! 그리고 그대의 길은 그대 자신과 일곱 악마 곁을 지나가는 것이다!

『차라투스트라는 이렇게 말했다』

세계는 새로운 가치를 만들어 낸 사람들 주위를 돈다

세계는 새로운 소음을 만들어 낸 사람들 주위가 아니라, 새로운 가치를 만들어 낸 사람들 주위를 돌고 있다. 세계는 소리 없이 돌고 있는 것이다.

『차라투스트라는 이렇게 말했다』

우리는 우리 자신에게 낯선 존재인가?

우리는 사실 우리 자신에게 필연적으로 낯선 존재로 있고, 우리 자신을 이해하지 못하며, 우리 자신을 혼동하지 않을 수 없다. '모든 사람은 자기 자신에게 가장 먼 존재이다'라는 명제는 우리에게 영원한 의미를 지닌다. 우리 자신에게 우리는 '인식하는 자'가 아닌 것이다.

『도덕의 계보학』

관조적인 자의 착각

현 세계에서 가치 있는 것은 본래 그 자체로 가치 있는 것이 아니다—자연은 언제나 몰가치적이다. 인간이 언젠가 가치를 부여하고 선사했다. 이런 가치를 부여하고 선사하는 자는 우리 자신이다! 우리가 비로소 인간과 관계있는 세상을 창조한 것이다!

『즐거운 학문』

자신을 사랑하도록 유혹하기

우리는 자기 자신을 증오하는 자를 두려워해야 한다. 우리는 그의 원한과 복수의 제물이 될 것이기 때문이다. 그러므로 우리가 어떻게 하면 자기 자신을 사랑하도록 그를 유혹할 수 있을지 생각해 보도록 하자!

『아침놀』

해석

나 자신을 해석하려면 자신 안으로 들어가야 한다.
그러니 나는 나 자신의 해석자가 될 수 없다.
하지만 오로지 자신의 길을 가는 자는
나의 모습도 보다 환히 드러내 준다.

『즐거운 학문』

자신의 길을 가기는 어렵다

사실 우리가 '자신의 길'을 간다는 것은 너무 험난하고 까다로운 일이고, 다른 사람들의 사랑과 감사를 받기 너무 어려운 일이다. 우리는 걸핏하면 자신의 길과 우리의 가장 고유한 양심으로부터 달아난다. 그리고 다른 사람들의 양심과 '동정'이라는 사랑스러운 신전으로 도피한다.

오늘날 어떤 전쟁이 발발하자마자 언제나 어느 민족의 가장 고귀한 인간들마저 은밀히 간직한 즐거움을 표출한다. 그들은 황홀해하며 죽음이라는 새로운 위험에 몸을 던지는 것이다. 조국을 위해 몸을 희생함으로써 결국 오랫동안 갈구하던 허락을 받았다고 생각하기 때문이다—다시 말해 그들의 목표에서 벗어나도 좋다는 허락 말이다. 이들에게 전쟁은 자살에 이르는 우회로이다. 그러나 그것은 양심에 거리낌 없는 우회로이다.

『즐거운 학문』

자신을 넘고 올라가라

모든 사물의 근거와 배후를 보려면 자신을 넘고 올라가야
한다. 위로, 저 위로, 그대가 바로 별 위에 올라갈 때까지!

『차라투스트라는 이렇게 말했다』

결코 그다지 중요하지 않은

임종을 지켜볼 때 우리에겐 한결같이 어떤 생각이 떠오른다. 이때 우리는 예의에 반하기에 마음속의 생각을 즉각 억누른다. 그것은 일반적인 외경심이 주장하듯이, 죽음이란 행위가 그다지 중요하지 않다는 생각이다. 그리고 죽어가는 자가 여기서 바야흐로 잃어버리려 하는 것보다 더 중요한 것을 생전에 잃어버렸을 것이란 생각이다. 여기서 종말이 목적이 아니란 사실은 확실하다.

『아침놀』

인간의 무거운 짐

인간이 자기 자신을 짊어지는 것은 항상 무겁다. 인간은 자신의 어깨에 너무 많은 낯선 짐을 끌고 가기 때문이다. 인간은 낙타처럼 무릎을 꿇고 자기 등에 잔뜩 짐을 싣는다.

『차라투스트라는 이렇게 말했다』

2
인간에 대하여

인간이 자신을
쉽사리 신이라고 여기지 않는 이유는
하복부 때문이다.

『선악의 저편』

이 사람을 보라*

그렇다! 난 내가 어디서 왔는지 안다!
나는 불꽃처럼 지칠 줄 모르고
환히 빛나며 여위어 간다.
내가 손대는 모든 것은 빛이 되고
내가 놔두는 모든 것은 숯이 되니
나는 불꽃이 분명하다.

『즐거운 학문』

---

* Ecce homo, 후일 니체는 같은 이름의 책을 쓴다.

고귀한 인간은 가치를 창조하는 자이다

고귀한 부류의 인간은 스스로를 가치를 결정하는 자로 느낀다. 그는 남에게 인정받는 것이 필요하지 않다. 그는 '나에게 해로운 것은 그 자체로 해롭다'고 판단한다. 그는 자신을 사물에 최초로 영예를 부여하는 자로 알고 있다.

그는 가치를 창조하는 자이다. 그는 자신이 알고 있는 모든 것을 존중한다. 그러한 도덕은 자기 예찬이다. 고귀한 인간 역시 불행한 사람을 돕긴 하지만, 동정해서가 아니라 오히려 넘치는 힘에서 나오는 충동 때문에 돕는다.

『선악의 저편』

짐승보다 못한 인간

인간이 너무 우습다고 자지러지는 인간의 천박함은 모든
짐승을 능가한다.

『인간적인 것, 너무나 인간적인 것』

인간의 한계

인간이 자신을 쉽사리 신이라고 여기지 않는 이유는 하복부 때문이다.

『선악의 저편』

감사

섬세한 영혼을 지닌 인간은 누군가가 자신에게 감사해야
할 의무가 있다는 것을 알게 되면 부담스럽게 생각한다.
조야한 영혼을 지닌 인간은 자신이 누군가에게 감사해야
할 의무가 있다는 것을 알게 되면 부담스럽게 생각한다.

『인간적인 것, 너무나 인간적인 것』

스쳐 지나감에 대하여

사람들은 서로를 몰아대지만 어디로 가는지는 모른다. 그들은 서로에게 열을 내지만 왜 그런지는 모른다. 그들은 자신의 양철판을 두드리고, 자신의 금화를 쩔그렁거린다. 그들은 추위에 떨며 화주火酒로 자신의 몸을 녹이려 한다. 그들은 몸이 달아올라, 얼어붙은 정신에서 냉기를 찾으려 한다. 모두 병약한 자들인 그들은 여론에 병적으로 집착한다.

달에는 달무리가 있고, 달무리에는 귀태鬼胎가 있다. 그런데 하잘것없는 군중과 잽싸게 한자리를 차지한 하찮은 모든 덕은 달무리에서 나오는 모든 것에 기도드린다. '나는 봉사하고, 그대도 봉사하고, 다들 봉사한다.' 모든 잽싼 덕은 군주를 우러러보며 이렇게 기도드린다. 공을 세운 대가로 마침내 납작한 가슴에 별을 달게 되도록 말이다!

이 대도시에 화禍가 있기를! 그리고 나는 예전부터 이 대도시가 불기둥이 되어 타오르기를 바랐다. 위대한 정오보다 이러한 불기둥이 앞서야 하기 때문이다. 하지만 이 일에는 때가 있고 그 자신의 운명이 있는 법이다. 그대 바보여, 하지만 나는 작별의 말로 이러한 가르침을 전한다. 더 이상 사랑할 수 없는 곳에서는 스쳐 지나가야 한다!

『차라투스트라는 이렇게 말했다』

공로가 있는 사람의 불손함

공로가 있는 사람의 불손함은 공로가 없는 사람의 불손함
보다 더욱 사람을 불쾌하게 만든다. 공로 자체가 벌써 사
람을 불쾌하기 만들기 때문이다.

『인간적인 것, 너무나 인간적인 것』

가장 오래된 위로 수단

제1단계. 인간은 불행하고 불운한 처지에 놓일 때마다 누군가 다른 사람을 괴롭혀야겠다는 마음을 품는다. 이때 그는 아직 남아 있는 자신의 힘을 자각하고, 그것으로 위로를 얻는다.

제2단계. 인간은 불행하고 불운한 처지에 놓일 때마다 형벌을 받는다고 생각한다. 그것은 죗값을 치르는 것, 그리고 실제적인 부당함이나 부당하다고 추정되는 것의 사악한 마력으로부터 벗어나는 수단을 의미한다. 불행이 가져다주는 이러한 이점을 보게 되면 그는 불행을 당했다고 다른 사람을 괴롭혀야 할 필요성을 더 이상 느끼지 못한다. 그는 이제 다른 만족감을 얻기 때문에 그런 종류의 만족감과는 결별을 선언한다.

『아침놀』

황금과 배고픔

가끔 손대는 것마다 황금으로 변화시키는 한 인간이 있다. 어느 좋고도 나쁜 날 그는 그 자신이 그러다가 굶어 죽으리란 사실을 발견할 것이다. 그 주위의 모든 것은 번쩍거리고 화려하며, 이상적인데다 접근하기 어렵다. 그는 이제 금으로 변화시키는 그의 능력이 완전히 없어지기를 갈망한다 ―어떻게 갈망하는가? 굶어 죽어 가는 자가 음식을 갈망하듯이! ― 그는 무엇을 붙잡으려고 할 것인가?

『아침놀』

인간에게 필요한 한 가지 사항

우리가 지녀야 할 한 가지 사항이 있다. 그것은 천성적으로 가벼운 마음을 갖든지, 예술과 지식에 의해 가벼워진 마음을 갖든지 둘 중의 하나는 해야 한다는 것이다.

『인간적인 것, 너무나 인간적인 것』

인간에 대한 몇 가지 질문

무엇이 인간을 영웅적으로 만드는가?
—최고의 고통과 동시에 최고의 희망을 향해 나아가는 것.
그대는 무엇을 믿는가?
—사물의 무게를 새로 정해야 한다는 것을.
그대의 양심은 뭐라고 말하는가?
—"있는 그대로의 인간이 되어라."
그대의 가장 큰 위험은 어디에 있는가?
—동정同情에.
그대는 다른 사람들에게서 무엇을 사랑하는가?
—나의 희망을.
그대는 어떤 사람을 나쁘다고 하는가?
—항상 창피를 주려는 사람을.
그대의 가장 인간적인 점은?
—누군가의 창피를 면하게 해 주는 것.
자유를 획득했다는 징표는 무엇인가?
—더 이상 자기 자신을 부끄러워하지 않는 것.

『즐거운 학문』

타인을 모범으로 삼는 경우

좋은 본보기를 제시하려는 자는 자신의 덕목에 약간의 어리석음을 첨가해야 한다. 그러면 사람들은 그것을 모방하는 동시에 모범으로 삼은 사람을 얕보게 된다. 사람들은 그러기를 좋아한다.

『인간적인 것, 너무나 인간적인 것』

자아는 모든 것을 가지려고 한다

인간은 대체로 소유하기 위해서만 행동하는 것 같다. 적어도 언어는 이런 생각을 들게 한다. 언어는 과거의 모든 행위를 우리가 그로써 무언가를 소유하는 것처럼 간주한다("말했노라, 싸웠노라, 이겼노라." 즉, 나는 이제 나의 말, 나의 싸움, 나의 승리를 소유하게 된 것이다). 이런 점에서 볼 때 인간은 얼마나 탐욕스러운가! 과거조차도 손아귀에서 벗어날 수 없다. 인간은 과거 역시 소유하려고 하는 것이다!

『아침놀』

인간은 언제 쓸모 있는가?

인간은 숲속의 숯가마와 같은 존재이다. 젊은이들은 숯가마처럼 완전히 식어 숯이 되어서야 비로소 쓸모 있게 된다. 그들이 김이나 연기를 내고 있는 한, 어쩌면 좀 더 재미있을지는 모르나, 쓸모없으며 성가신 존재인 경우가 너무 많다. 인류는 모든 개개인을 인류라는 큰 기계를 데울 연료로 가차 없이 활용한다. 그러나 모든 개개인이 기계(인간을 말한다)를 유지하는 데만 쓸모 있다면 그 기계는 무엇 때문에 존재하는 걸까? 자기 자신이 목적인 기계 ─ 이것이 인간 희극*이라는 걸까?

『인간적인 것, 너무나 인간적인 것』

---

* 인곡umana commedia. 신곡divina commedia에 대비되는 말로 흔히 보카치오의 『데카메론』을 인곡이라 칭한다.

고귀한 인간

고귀한 인간은 자기 안의 강자를 존중하고, 또한 자기 자신을 지배할 힘이 있는 자, 말하는 법과 침묵하는 법을 터득하고 있는 자, 기꺼이 자신에 대해 엄격하고 준엄하며 엄격하고 준엄한 모든 것에 경의를 표하는 자를 존중한다. 고귀한 인간이 가장 이해하기 어려운 것 중의 하나가 허영심일 것이다.

『선악의 저편』

교육자로서 허영심과 공명심

어떤 사람이 아직 인간에 두루 유익한 도구가 되지 않은 한, 그의 공명심은 괴롭힘을 당할지도 모른다. 하지만 그런 목표를 달성해서 필연적으로 만인의 이익을 위한 기계처럼 일하게 되면 허영심이 생길지도 모른다. 공명심이 그에게서 날림일(그를 유용하게 만드는)을 마무리 짓고 나면, 허영심은 그를 약간이나마 인간화하고, 좀 더 사교적이고 좀 더 참을 수 있으며 좀 더 관대하게 만들 것이다.

『인간적인 것, 너무나 인간적인 것』

열정과 권리

자신의 권리에 관해 아주 열정적으로 말하는 사람은 대체로 마음속으로 자신의 권리에 대해 의심하는 자이다. 그는 열정을 자기 쪽으로 끌어들이면서 분별력과 분별력의 의심을 마비시키려고 한다. 그리하여 그는 양심의 거리낌이 없어짐으로써 주위 사람들에게서 성공을 거둘 수 있게 된다.

『인간적인 것, 너무나 인간적인 것』

선한 자연과 악한 자연

처음에 인간들은 자연을 탐구해 들어갔다. 그들은 도처에서 그들 자신이나 그들 자신과 비슷한 것을 발견했다. 다시 말해 흡사 구름과 뇌우雷雨, 맹수, 나무나 잡초에 감추어진 것 같은 그들의 사악하고 변덕스러운 성향을 발견했다. 그때 그들은 '악한 자연'을 생각해 냈다. 그런 뒤 그들이 다시 자연에서 뛰쳐 나온 시대, 즉 루소의 시대가 도래했다. 인간들은 서로에게 질려 버려 고통을 겪지 않는 세상의 외진 은신처를 갖고 싶었다. 그리하여 인간들은 '선한 자연'을 생각해 낸 것이다.

『아침놀』

고독한 사람들

어떤 사람들은 혼자 지내는 것에 너무 익숙해져 있다. 그래서 그들은 자신을 타인과 비교하지 않고, 조용하고 즐거운 기분으로 자신과 유익한 대화를 나누며, 그러니까 웃으면서 혼자만의 생활을 계속해 간다. 그러나 다른 사람들과 비교당하면 그들은 골똘히 생각하며 그들 자신을 과소평가하기 쉽다. 그래서 그들은 자신에 대한 좋고 정당한 평가를 다른 사람에게서 다시 강제로 배우는 수밖에 없다. 이렇게 습득한 평가에서도 그들은 얼마간 빼고 깎으려고 할 것이다―그러므로 우리는 어떤 사람에게는 혼자 있는 것을 허락하고, 흔히 일어나는 일이긴 하지만 혼자 지낸다고 그들을 가엾게 여기는 따위의 어리석은 짓은 하지 말아야 한다.

『인간적인 것, 너무나 인간적인 것』

보다 강한 자들에게

그대들, 보다 강하고 오만한 자들이여, 한 가지 부탁을 하겠다. 우리들 다른 자들에게 새로운 짐을 얹지 말고 우리 짐을 덜어다오. 그대들은 보다 강한 자들이니까! 하지만 그대들은 그 반대의 일을 즐겨 한다. 그대들은 날고 싶기 때문이다. 그 때문에 우리는 그대들의 짐도 떠맡아야 한다. 다시 말해 우리는 기어가야 하는 것이다!

『아침놀』

깊이 있는 사람들

인상을 심화시키는 데 장점이 있는 사람들은 ―그들은 보통 깊이 있는 사람들이라 불린다― 갑작스레 발생하는 모든 일에 비교적 태연하고 결연하다. 첫 순간에는 인상이 아직 얕으며, 그런 뒤에야 깊어지기 때문이다. 그러나 오랫동안 예상하고 기대한 일이나 인물들은 그런 성질을 가진 사람들을 가장 많이 흥분시키고, 마침내 그 같은 일이나 인물이 도래했을 때 그런 사람들로 하여금 거의 정신의 침착성을 유지할 수 없게 만든다.

『인간적인 것, 너무나 인간적인 것』

허영심 있는 인간

허영심 있는 인간은 자신에게 들리는 (그것이 유익한가의 여부와, 그것이 참인가 거짓인가도 차치하고) 모든 좋은 평판에 대해 기뻐하고, 마찬가지로 모든 나쁜 평판에 대해 괴로워한다.

『선악의 저편』

한 인간의 높이를 보려고 하지 않는 자

한 인간의 높이를 보려고 하지 않는 자는 그 인간의 저열하고 피상적인 면을 보다 날카롭게 바라본다. 그렇게 함으로써 그는 자기 자신의 정체를 드러낸다.

『선악의 저편』

인간에게 고통의 의미나 목적은 무엇인가?

인간의 문제는 고통 자체가 아니라 "무엇 때문에 고통스러워하는가?"라고 외치는 질문에 대한 대답이 없었다는 점이었다. 가장 용감하고 고통에 가장 익숙한 동물인 인간은 그 자체로 고통을 부정하는 것은 아니다. 인간에게 고통의 의미나 목적이 제시된다면 인간은 고통을 바라고 고통 자체를 찾아다니기도 한다. 지금까지 인류에게 광범위하게 내려진 저주는 고통이 아니라 고통의 무의미함이었다.

『도덕의 계보학』

하나의 정신이 이해되려면

가장 멀리 떨어진 별의 빛이 가장 늦게 인간에게 도착한다. 그 별빛이 도착하기 전에는 인간은 그곳에 별이 있다는 사실을 부정한다. "하나의 정신이 이해되려면 몇 세기가 필요할까?"

『선악의 저편』

인간의 권리와 특권

우리 인간들은 잘못되었을 때 마치 잘못된 문장처럼 자기 자신을 지울 수 있는 유일한 피조물이다 — 이 일을 인류의 명예를 위해서든 또는 인류를 동정해서든 또는 우리 자신에 대한 반감에서 하든.

『아침놀』

인간은 극복되어야 하는 존재이다

인간은 극복되어야 하는 존재이다. 여러분은 인간을 극복하기 위해 무엇을 했는가? 지금까지 모든 인간들은 자기 자신을 넘어 무언가를 창조했다. 그런데 여러분은 이 커다란 밀물의 썰물이 되려 하고, 인간을 극복하기보다는 오히려 짐승으로 되돌아가려 하는가? 인간이 보기에 원숭이는 어떤 존재인가? 웃음거리이거나 고통스러운 수치이다. 그리고 위버멘쉬*가 보기에 인간도 이와 마찬가지로, 웃음거리이거나 고통스러운 수치일 것이다. 여러분은 벌레에서 인간으로 가는 길을 걸어왔고, 여러분 안에는 아직 많은 것이 벌레이다. 일찍이 여러분은 원숭이였고, 지금도 인간은 어떤 원숭이보다도 더 원숭이이다. 나의 형제들이여, 나는 여러분에게 간청한다. 대지에 충실하라고. 그리고 여러분에게 천상의 희망을 말하는 자들의 말을 믿지 말

---

* 위버멘쉬Übermensch는 '건너가는 자, 넘어가는 자'의 의미를 지니고 있다. 니체의 핵심 사상인 자기극복, 영원회귀, 힘에의 의지, 위버멘쉬는 서로 긴밀히 얽혀 있다. 스스로 주체적인 입장에서 새로운 가치를 창조하여 같지만 조금씩 바뀐 모습으로 힘차게 자꾸 되돌아오는, 자유정신을 가진 인간이 바로 위버멘쉬이다. 니체는 알렉산더 대왕, 나폴레옹, 괴테에게서 그런 인물 유형을 보았다. 니체의 저서에 모순되는 말이 많은 것은 이처럼 이전의 자신을 부정하여 자꾸 자기극복을 하기 때문이다. 그는 계속 다른 사람이 되어 갔지만 결국 조금씩 변한 같은 사람이라 할 수 있다.

라! 그들은 알게 모르게 독을 섞는 자들이다. 그들은 삶을 경멸하는 자들이고, 사멸해 가는 자들이자 스스로 독을 마시는 자들이다. 땅은 이런 자들에게 싫증나 버렸다. 그러니 그들은 없어져 버려도 상관없다! 일찍이 신에 대한 모독이 가장 큰 모독이었지만, 신은 죽었고, 이로써 신을 모독하는 자들도 죽었다. 이제는 가장 끔찍한 것이 땅을 모독하는 일이고, 불가해한 존재의 내부를 땅의 의미보다 더 높이 평가하는 일이다.

보라, 나는 여러분에게 위버멘쉬에 대해 가르친다. 위버멘쉬는 바다이며, 여러분의 커다란 경멸은 이 바다 안에 가라앉고 만다. 여러분이 체험할 수 있는 가장 커다란 것은 무엇인가? 그것은 크게 경멸받는 순간이다. 그때는 여러분의 행복도 여러분에게 역겨움이 되고, 여러분의 이성과 덕도 그렇게 될 것이다.

『차라투스트라는 이렇게 말했다』

최후의 인간

차라투스트라는 군중에게 말했다. "나는 이들에게 가장 경멸스러운 자에 대해 말하고자 한다. 그것은 최후의 인간末人*이다." 지금은 인간이 자신의 목표를 세워야 할 때이다. 지금은 인간이 자신의 가장 높은 희망의 씨앗을 심어야 할 때이다.

슬프구나! 인간이 더 이상 별을 낳지 못하는 때가 오다니. 슬프구나! 더 이상 자기 자신을 경멸할 수 없는 더없이 경멸스러운 인간의 시대가 오다니. 그때 땅은 작아져 버리고, 땅 위에는 모든 것을 작게 만드는 말인이 뛰어다닐 것이다. 그 종족은 벼룩처럼 근절하기 어려워서, 말인은 가장 오랫동안 살아 있는 것이다.

『차라투스트라는 이렇게 말했다』

---

* 최후의 인간은 위버멘쉬와 반대 유형의 허무주의자이다. 최후의 인간은 모든 진리와 도덕의 기준을 저 세계에 두고, 저 세계의 시각에서 이 세계를 비난하고, 그러다가 저 세계 자체를 의심하기 시작하며, 마지막으로 가치 평가 자체를 무의미하게 보고 포기하게 된다. 이들은 야망이나 패기, 정열을 상실한 채 고통을 두려워하며 적당한 안락만을 추구하는 인간들이다. 이들은 서로의 안락을 위해 공격하지 않고 서로 친절을 베풀며, 권태를 몰아내기 위해서 적당히 노동하고, 지배도 복종도 부담스러운 일이기에 서로 적당히 존중하면서 살아간다.

디오니소스* 신에게 제물을 바친 마지막 인간

내가 디오니소스 신에게 제물을 바친 마지막 인간인 것 같다. 내가 당시에 했던 일을 이해할 만한 사람이 아무도 없기 때문이다. 그사이 나는 디오니소스 신의 철학에 대해 많은 것, 흔히 말하듯 입에서 입으로 전해진 너무나 많은 것을 배웠다. 나는 디오니소스 신에 정통한 마지막 제자이다.

『선악의 저편』

---

* 생명성, 영원성, 긍정이라는 요소를 갖고 있는 디오니소스라는 개념은 니체 사유의 토대를 이루는 개념이자 그의 철학 전체를 대변해 주는 개념이다. 니체는 『비극의 탄생』에서 디오니소스가 잔인하고 거친 악마와 부드럽고 온순한 통치자라는 이중적인 면모를 보인다고 지적한다.

3

신과 죄에 대하여

나중에 편히 살게 해 주겠다는 처방으로,
예컨대 기독교를 제공한답시고
사람들의 삶을 힘들게 하려는 자들이 있다.

『즐거운 학문』

신이 작가가 되려고 했을 때

신이 작가가 되려고 했을 때 그리스어를 배웠다는 것과 좀
더 잘 배우지 못했다는 것은 미묘한 일이다.

『선악의 저편』

새로운 투쟁

부처의 사후 수 세기 동안 사람들은 동굴 안에서 그의 그림자를 보여 주었다. 엄청나게 크고 소름 끼치는 그림자를. 신은 죽었다. 그러나 인간의 방식이 그렇듯이, 그의 그림자를 보여 주는 동굴은 수천 년 동안 존재할 것이다. 그런데 우리는 아직 부처의 그림자와도 싸워 이겨야 한다.

『즐거운 학문』

미친 사람

너희들은 환한 오전에 등불을 켜고 시장에 나와 "나는 신을 찾는다! 나는 신을 찾고 있다"라고 끊임없이 외치는 어떤 사람에 대해 들은 바가 있는가? 미친 사람은 사람들 한가운데로 뛰어들어, 꿰뚫어 보는 눈초리로 외쳤다. "신이 어디로 갔느냐고? 그대들에게 말해 주겠노라. 우리가 신을 죽였다. 그대들과 내가! 우리 모두가 신을 살해한 자다."

모든 살인자들 중의 살인자인 우리는 어떻게 우리 자신을 위로할 수 있을까? 가장 성스럽고도 가장 강력했던 존재, 지금까지 세계를 소유했던 존재가 우리 칼 밑에서 피를 흘리고 있다.

『즐거운 학문』

신이 죽은 이유

신은 죽을 수밖에 없었다. 사람들의 깊은 속내와 바탕을, 은폐된 치욕과 추함을 남김없이 보고 말았으니. 호기심 많고 주제넘은 자, 동정하는 마음이 너무 깊었던 자는 죽어 마땅했다.

『차라투스트라는 이렇게 말했다』

동물적 본능과 반대되는 개념으로서의 신

인간은 자기에게 고유하고 자기에게서 분리시킬 수 없는 동물적 본능에 대한 최후의 대립자를 신에게서 포착해 냈다. 심지어 인간은 그런 동물적 본능 자체를 신에 대한 죄로 고쳐 해석했다.

『도덕의 계보학』

웃다가 죽은 낡은 신들

낡은 신들은 이미 오래전에 최후를 고했다. 그리고 참으로 낡은 신들은 선하고 즐겁게 신적인 종말을 맞지 않았던가! 그 신들이 죽음을 맞아 '으스름 속으로 사라진' 것은 아니었다. 그것은 어쩌면 거짓말일지도 모른다! 오히려 그 신들은 너무 웃다가 죽음을 맞이한 것이다! 그 죽음은 신을 가장 부정하는 말, 즉 "하나의 신만 존재한다. 나 말고 다른 신은 섬겨서는 안 된다!"는 말이 어떤 신에게서 나왔을 때 일어났다.

『차라투스트라는 이렇게 말했다』

위험한 자비심

나중에 편히 살게 해 주겠다는 처방으로, 예컨대 기독교를
제공한답시고 사람들의 삶을 힘들게 하려는 자들이 있다.

『즐거운 학문』

신과 화해는 사제에 대한 복종

신에 대한 불복종, 다시 말해 사제에 대한 불복종, '법'에 대한 불복종은 이제 '죄'라는 이름을 얻게 된다. 다시 신과 화해하는 일은 사제에 대한 복종을 훨씬 더 철저하게 보장하는 수단이 된다. 오직 사제만이 구원한다는 것이다.

『안티그리스도』

우리의 원죄

이 세상에 존재한 이래로 인간은 너무 즐길 줄 몰랐다. 이 것만이 우리의 원죄인 것이다! 그리고 우리가 더 잘 즐길 수 있게 되면 다른 사람에게 고통을 주거나, 고통을 줄 생 각을 하는 것을 가장 잘 버릴 수 있다.

『차라투스트라는 이렇게 말했다』

나쁜 소식

복음은 그리스도와 함께 십자가에서 죽어 버렸다. 그 순간
부터 복음이라 불린 것은 이미 유일한 기독교인이 체험했
던 것과는 정반대로 나쁜 소식이었다.

『안티그리스도』

신의 지옥

언젠가 악마가 내게 이렇게 말한 적이 있었다. "신에게도 지옥이 있는데, 그것은 인간에 대한 사랑이다."
최근에는 악마가 이런 말을 했다. "신은 죽었어. 인간을 동정하는 바람에 신은 죽어 버렸어."

『차라투스트라는 이렇게 말했다』

신자들의 뻔뻔함

신앙을 갖는 것이 아니라 직관하도록 자신의 운명이 정해져 있다고 느끼는 자가 볼 때 모든 신자들은 너무 시끄럽고 뻔뻔스럽다. 그는 그들로부터 자신을 방어한다.

『선악의 저편』

너무나 동양적인

뭐라고? 인간이 신의 존재를 믿는 경우에만 인간을 사랑하는 신이라니! 이런 사랑을 믿지 않는 자에겐 무서운 눈길을 보내고 위협을 가하는 신이라니! 뭐라고? 전능한 신이 이처럼 사랑에 단서를 붙이다니! 명예심과 복수심조차 다스리지 못하는 사랑이라니! 이 모든 것은 얼마나 동양적인가! "내가 너를 사랑한다 해도, 그게 너와 무슨 상관이란 말인가?" 이것만으로도 기독교 전체를 비판하기에 충분하다.

『즐거운 학문』

불멸하는 모든 것은 하나의 비유일 뿐이다!

신은 하나의 억측에 불과하다. 그런데 이 억측이라는 고통을 다 마시고도 죽지 않을 자가 누가 있겠는가? 창조하는 자에게서 그의 믿음을, 독수리에게서 하늘을 맴도는 능력을 빼앗으란 말인가?

신이란 반듯한 것을 모두 구부러지게 만들고, 가만히 서 있는 것을 모두 돌게 하는 사상이다. 그래서 어떻다는 것인가? 시간이 사라져 버리고, 덧없는 모든 것이 거짓에 불과하단 말인가?

이런 모든 것을 생각하면 온몸이 소용돌이치며 어지럽고, 위胃에서는 구역질이 난다. 참으로 이러한 억측을 하는 것을 나는 어지러운 현기증이라 부른다.

불멸하는 모든 것은 하나의 비유일 뿐이다!

『차라투스트라는 이렇게 말했다』

저편의 세계를 믿는 자들에 대하여

선과 악, 쾌락과 고통, 나와 너—이런 것들은 창조자가 보기에는 알록달록한 연기처럼 보일 거라 생각되었다. 창조자는 자신에게서 눈길을 돌리려는 생각으로 세계를 창조했다. 고통에 시달리는 자가 자신의 고통에서 눈을 돌리고 자신을 잃어버리는 것은 도취적인 쾌락이다. 도취적인 쾌락과 자기 자신을 잃어버리는 것이 한때 내가 생각한 세계였다. 영원히 불완전한 이러한 세계, 영원한 모순의 모사模寫이자 불완전한 모사—이러한 세계를 만든 불완전한 창조자에게는 도취적인 쾌락—이것이 한때 내가 생각한 세계였다.

고뇌와 무능력, 이것이 저편의 세계를 믿는 사람들을 만들어 냈고, 더없이 괴로운 사람만이 경험하는 행복이라는 저 짧은 망상이 그런 세계를 만들어 냈다. 목숨을 걸고 뛰어올라 단숨에 궁극적인 것에 이르려는 데서 오는 피로감, 이제 더 이상 바라려고 하지도 못하는 가련하고 아무것도 모르는 피로감, 이것이 온갖 신들과 저편의 세계를 만들어 냈다.

참으로 모든 존재는 증명하기 어렵고, 말하게 하기도 힘들다. 그대 형제들이여, 나에게 말해다오. 가장 증명이 잘된 것은 모든 사물들 중에서 가장 불가사의한 것이 아닌가? 그렇다. 이러한 자아, 자아의 모순과 혼란이야말로 자신의 존재에 대해 가장 솔직하게 말해 주고 있다. 창조하고 의욕하고 평가하는 이러한 자아야말로 사물들의 척도이자 가치인 것이다.

『차라투스트라는 이렇게 말했다』

성자에 대한 비판

덕을 지니기 위해선 가장 잔인한 형태로 덕을 지니려 해야 하는가? 기독교 성자들은 이를 원하고 필요로 했다. 성자들은 그들의 덕행을 보는 사람이면 누구나 자신에 대한 경멸감을 느끼리라 생각하면서 삶을 견뎌 냈다. 하지만 나는 그런 작용을 하는 덕을 잔혹하다고 부른다.

『즐거운 학문』

그리스도*는 단 한 사람의 진정한 기독교인이다

근본적으로 오직 한 사람의 기독교인이 존재했고, 그는 십자가에 매달려 죽었다.

『안티그리스도』

---

* 니체는 기독교를 비판하지만 그리스도 자체는 인정한다. 니체에게 그리스도는 아이 같은 존재다. 그리스도는 가장 내면적인 것에 대해서만 말하고, 제재나 규율은 말하지 않기 때문이다. 또 사랑에 가득 찬 내면을 그대로 보여 주고, 보상이나 대가에 대한 기대도, 벌이나 심판에 대한 두려움도 말하지 않기 때문이다.

누구의 실수인가

어떤 것인가? 인간이 신의 실수에 불과한 것인가? 아니면 신이 인간의 실수에 불과한 것인가?

『우상의 황혼』

한 사람을 사랑하는 것은 야만적인 짓

한 사람을 사랑하는 것은 야만적인 짓이다. 다른 모든 사람을 희생해서 행해지기 때문이다. 신에 대한 사랑도 마찬가지이다.

『선악의 저편』

신의 나라

신의 나라는 사람들이 왔으면 하고 기대하는 그런 것이 아니다. 신의 나라는 어제도, 내일 이후도 없다. 그것은 천 년이 지나도 오지 않는다. 신의 나라는 마음속의 특정한 경험이다. 그것은 어디에도 있으면서 어디에도 없다.

『안티그리스도』

우리는 지상의 나라를 원한다

아이들처럼 되지 않고는 저 하늘나라에 들어갈 수 없다.
하지만 우리는 하늘나라로 들어가고 싶은 마음이 조금도
없다. 우리는 성인 남자가 되었다. 그러므로 우리는 지상
의 나라를 원한다.

『차라투스트라는 이렇게 말했다』

세상은 신들의 도박대

세상은 신들의 도박대이며, 신들도 신들의 탁자인 대지에서 주사위 놀이를 한다.

『차라투스트라는 이렇게 말했다』

죽음을 설교하는 자들에 대하여

여기에 영혼의 결핵 환자들이 있다. 그들은 태어나자마자 이미 죽어 가기 시작했고, 피로와 체념의 가르침을 그리워한다. 그들은 기꺼이 죽어 있고자 하니, 우리는 그들의 뜻을 존중해야 할 것이다! 이러한 죽어 있는 자들을 깨우지 않도록, 이러한 살아 있는 관帲들을 훼손하지 않도록 우리 조심하자! 그들은 병자나 노인이나 시체와 마주치면 즉시 "삶이 반박되었다!"고 말한다. 그러나 반박된 것은 그들일 뿐이고, 생존의 한쪽 얼굴밖에 보지 못하는 그들의 눈일 뿐이다. 그들은 심상치 않은 우울한 기분에 사로잡혀, 죽음을 불러오는 사소한 우연들을 갈망하면서, 이를 악물고 기다리고 있다. 또는 달콤한 과자를 향해 손을 뻗으며, 자신의 유치함을 비웃기도 한다. 그들은 자신의 지푸라기 같은 삶에 집착하면서, 자신들이 아직 지푸라기에 집착하고 있는 것을 비웃는다. 이들의 지혜는 말한다. "살아 있는 자란 바보이므로, 그런 만큼 우리도 바보다! 그리고 삶에서 가장 어리석은 것이 바로 이것이다!" 어떤 사람들은 "삶은 고통일 뿐이다"라고 말하는데, 이들은 거짓말을 하는 것이 아니다. 그렇다면 그대들은 그만 살도록 하라! 고통일 뿐인 삶을 그만두도록 하라! 그러므로 그대들의 덕은 이렇게 가르친다. "그대 자신을 죽이도록 하라! 그대 자신이 몰래 사라지도록 하라!" 죽음을 설교하는 자들 중에 "육욕은 죄악이니, 육욕을 버리고 자식을 낳지 마라"고 말하는 사람들이 있다. 다른 자들은 이렇게 말한다. "자식을 낳는 건 힘든 일이다. 왜 아직 아이를 낳는단 말인가? 불행한 자들만 낳을 뿐이다!" 이들도 죽음의 설교자들이다. 또 다른 자들은 이렇게 말한다. "동정은 꼭 필요하다. 자신이 갖고 있는 것을 감수하라! 현재의 나 자신을 감수하라! 그러면 삶의 구속이 덜해지리라!"

『차라투스트라는 이렇게 말했다』

신의 뜻은 사제의 뜻

신의 뜻, 율법, 성서, 영감 ─ 이 모든 것은 사제가 그것으로 권력을 잡고 유지시키는 여러 조건에 대한 표현법에 불과하다.

『안티그리스도』

4

사랑에 대하여

사랑에 빠진 남자를 치유하려면 때로는
도수가 더 높은 안경만으로도 충분하다.

『인간적인 것, 너무나 인간적인 것』

먼저 자기 자신을 사랑하는 자가 되라

"이웃을 그대들 몸처럼 사랑하라. 하지만 먼저 자기 자신을 사랑하는 자가 되라! 커다란 사랑으로 사랑하고, 커다란 경멸로 사랑하라!" 신을 부정하는 차라투스트라는 그렇게 말한다.

『차라투스트라는 이렇게 말했다』

새해의 다짐

네 운명을 사랑하라. 이것이 이제부터 나의 사랑이 될 것
이다! 나는 추한 것과 전쟁을 벌이지 않으련다. 나는 비난
하지 않으련다. 나를 고소한 자조차 비난하지 않으련다.
나의 유일한 부정은 외면하는 일이 될 것이다. 무엇보다
나는 언젠가는 오로지 긍정하는 자가 되려고 한다!

『즐거운 학문』

사랑하는 법을 배우기

인간은 사랑하는 법도 배우고, 친절해지는 법도 배워야 한다. 그것도 어릴 때부터 배워야 한다. 교육과 우연이 이런 감각을 훈련할 기회를 우리에게 제공하지 않으면 우리의 영혼은 메마르고, 다정한 사람들의 그러한 섬세한 감각을 이해하는 데조차 적합하지 않게 된다. 이와 마찬가지로 유능하게 증오하려는 사람이 되려면 증오도 배우고 길러야 한다. 그렇지 않으면 그럴 수 있는 싹도 점차 사멸할 것이다.

『인간적인 것, 너무나 인간적인 것』

중력의 영靈에 대하여

인간에게 땅과 삶은 무겁다. 그것이 중력의 영이 바라는 점이다! 그런데 가벼워져서 새가 되기를 바라는 자는 자기 자신을 사랑해야 한다. 나는 이렇게 가르친다. 물론 병든 자와 병적 욕망이 있는 사람들처럼 사랑해서는 안 된다. 이러한 자들의 경우에는 자기애自己愛도 악취를 풍기기 때문이다! 인간들은 온전하고 건강한 사람으로 자기 자신을 사랑하는 법을 배워야 한다. 자기 자신을 참아 내느라 헤매고 다니지 않도록 하기 위해.

『차라투스트라는 이렇게 말했다』

두려움과 사랑

사랑보다 두려움이 인간에 대한 일반적인 통찰을 더욱 촉진시켰다. 두려움은 상대방이 누구인지, 무엇을 할 수 있는지, 무엇을 하려 하는지 알아맞히려 하기 때문이다. 이때 잘못 생각하면 위험한 일을 겪고 손실을 입으리라.

그 반대로 사랑은 상대방을 되도록 멋지게 보려 하거나 그를 되도록 높이 평가하려는 은밀한 충동을 지닌다. 이때 잘못 생각하면 사랑에게 즐거움과 이익을 주리라 ― 사랑은 그런 일을 한다.

『아침놀』

가장 정숙한 말

내가 들었던 가장 정숙한 말은 이것이다. "진실한 사랑을
할 때는 영혼이 육체를 감싼다."

『선악의 저편』

사랑에 빠지려고 하기

정략결혼으로 맺어진 약혼자들은 냉정한 계산적인 효용성 때문에 약혼했다는 비난을 불식시키기 위해 사랑에 빠지려고 애쓰는 경우가 많다. 이와 마찬가지로 이점利點 때문에 기독교로 개종한 자들 역시 진정으로 경건해지려고 노력한다. 그들에게는 종교적인 표정 연기가 더욱 쉽기 때문이다.

『인간적인 것, 너무나 인간적인 것』

사랑의 특성

사랑은 사랑하는 사람의 고귀하고 숨겨진 특성, 그의 진기하고 예외적인 면을 드러내 보인다. 그런 점에서 사랑은 그 사람의 일상적인 점을 잘못 보게 한다.

『선악의 저편』

순결에 대하여

나는 숲을 사랑한다. 도시에는 욕정에 눈먼 자들이 너무 많아 살기에 좋지 않다. 욕정에 불타는 여인의 꿈에 나타나는 것보다는 살인자의 손에 걸려드는 게 더 낫지 않을까? 그런데 이 남자들을 보라. 이들의 눈은 이 세상에서 여자와 잠자리를 같이하는 게 제일 좋다고 말하고 있지 않은가. 이들의 영혼의 밑바닥에는 진창이 깔려 있다. 이들의 진창에 아직도 정신이 남아 있다면 얼마나 슬픈 일일까! 그대들이 최소한 짐승으로나마 완전하다면 좋겠는데! 그래도 짐승에게는 순진무구함이 있으니까. 내가 그대들의 관능을 죽이라고 권한단 말인가? 나는 그대들에게 관능의 순진무구함을 권하는 것이다. 내가 그대들에게 순결을 권한단 말인가? 몇몇 사람들에게는 순결이 덕이지만, 많은 사람들에게는 거의 악덕이나 마찬가지이다.

순결을 지키기 어려운 자에게는 그것에 집착하지 말라고 충고해야 한다. 순결이 지옥에 이르는 길, 즉 영혼의 진창과 욕정에 이르는 길이 되지 않도록 하기 위해서는. 내가 더러운 것에 대해 말하는 것인가? 이것이 내가 하는 가장 고약한 일은 아니다. 인식하는 자가 물속에 뛰어들기를 꺼린다면 이는 진리가 더러워서가 아니라 얕아서이다. 참으로 근본에 있어 순결한 자들이 있다. 이들의 마음은 그대들 마음보다 더 부드럽고, 이들은 그대들보다 더 흔쾌하고도 활짝 웃는다.

『차라투스트라는 이렇게 말했다』

사랑을 사랑으로 느끼도록 하기 위해

사랑과 자비라 불리는 다른 사람에 대한 박애적인 위장술을 연습하기 위해서 우리 자신에게 솔직해지고 우리를 매우 잘 알 필요는 없다.

『아침놀』

근시안의 소유자는 사랑에 빠지기 쉽다

사랑에 빠진 남자를 치유하려면 때로는 도수가 더 높은 안경만으로도 충분하다. 그리고 20년 후의 어떤 얼굴, 어떤 몸매를 상상할 수 있는 능력을 지닌 자라면 아마 매우 안락하게 일생을 살아가리라.

『인간적인 것, 너무나 인간적인 것』

사랑할 때 우리는 우리의 결점이 감춰지기를 바란다

사랑할 때 우리는 우리의 결점이 감춰지기를 바란다—그
것은 허영심 때문이 아니라 사랑하는 사람이 고통을 당하
지 않도록 하기 위해서이다. 그렇다. 사랑하는 사람은 신
처럼 보이고 싶어 한다 — 이것도 허영심 때문은 아니다.

『즐거운 학문』

이웃 사랑에 대하여

그대들은 이웃 사람들 주위로 몰려들어 듣기 좋은 말을 늘어놓는다. 하지만 그대들에게 말하건대, 그대들의 이웃 사랑은 그대 자신에 해로운 사랑이다. 그대들은 자신을 피해 이웃에게 달아나서, 거기서 덕을 만들어 내고자 한다. 하지만 나는 그대들의 '이타利他'의 본질을 꿰뚫어 보고 있다.

이웃에 대한 사랑보다 가장 멀리 있는 자, 미래에 올 자에 대한 사랑이 더 고귀하다. 내 생각으로는 인간에 대한 사랑보다 사물과 유령에 대한 사랑이 더 고귀하게 간주된다. 그대 앞으로 달려오는 이 유령이, 나의 형제여, 그대보다 더 아름답다. 왜 그대는 이 유령에게 그대의 살과 뼈를 붙여 주지 않는가? 하지만 그대는 두려워하며 그대의 이웃에게 달려간다. 그대들은 그대들 자신을 견뎌 내지 못하고, 스스로를 충분히 사랑하지 못한다. 이제 그대들은 이웃을 사랑으로 유혹하려 하고, 이웃의 오류로 자신을 금칠하려 한다.

나는 그대들에게 이웃이 아니라 벗을 가르친다. 벗이 그대들에게 땅의 축제요, 위버멘쉬에 대한 예감이 되도록 하라. 나는 그대들에게 벗과 그 벗의 넘치는 마음을 가르친

다. 그런데 넘치는 마음으로부터 사랑을 받으려면 스펀지
가 될 수 있어야 한다. 나는 그대들에게 세계가 선의 껍질
로 완성되어 있는 벗을 가르친다. 언제나 완성된 세계를
선사할 수 있는 창조하는 벗을.

『차라투스트라는 이렇게 말했다』

사랑받고 있다는 것을 알면서도,
남을 사랑하지 않는 사람

사랑받고 있다는 것을 알면서도, 남을 사랑하지 않는 사람은 자신의 영혼의 침전물을 드러내 보인다. 영혼의 가장 밑바닥에 있는 것이 올라오는 것이다.

『선악의 저편』

사랑과 미움

사랑과 미움이 맹목적이지는 않지만, 그것들 자체에 따라
다니는 불 때문에 눈이 멀어진다.

『인간적인 것, 너무나 인간적인 것』

위대한 사랑의 원천

남성의 여성에 대한 갑작스런 정열, 깊고 내적인 정열은 어디서 생기는 걸까? 관능적 이유 때문만은 결코 아니다. 남성은 여성에게서 나약함이나 도움의 필요성과 동시에 오만함을 함께 발견하면 자신의 영혼이 내면에서 끓어오르는 것과 같은 심정이 된다. 즉, 그는 같은 순간 감동과 모욕을 느낀다. 이런 점이 위대한 사랑의 원천인 것이다.

『인간적인 것, 너무나 인간적인 것』

결혼 전에 신중하게 생각할 점

만약 그녀가 나를 사랑한다면 그녀는 내게 계속 얼마나 성가시겠는가! 그리고 그녀가 나를 사랑하지 않는다면 그녀는 그때부터 내게 계속 얼마나 성가시겠는가! 결국 두 가지 종류의 상이한 성가심이 있을 뿐이다. 그러니 결혼하라!

『아침놀』

프로테우스*의 본성

사랑 때문에 여자들은 자기들을 사랑하는 남자들이 상상
하는 그대로의 존재가 된다.

『인간적인 것, 너무나 인간적인 것』

---

* 그리스 신화에 나오는 바다의 신으로 자유자재로 변신하는 능력과 예언 능력
을 지님.

사랑과 존경

사랑은 갈망하고, 두려움은 피한다. 같은 사람한테서 적어도 같은 시공간에서 사랑을 받는 동시에 존경을 받을 수없는 것은 그 때문이다. 존경하는 자는 권력을 인정하고, 그것을 두려워하기 때문이다. 다시 말해 그의 상태는 외경畏敬이다. 하지만 사랑은 권력을 인정하지 않는다. 떼어 놓고 두드러지게 하는 것, 상위에 두거나 하위에 두는 것을전혀 인정하지 않는다. 사랑은 존경하지 않으므로 명예욕이 강한 사람들은 몰래 또는 공공연히 사랑받는 것에 반항한다.

『인간적인 것, 너무나 인간적인 것』

사랑의 환상에서 깨어나는 순간

사랑하는 자는 사랑의 응답을 받으면 사랑받는 존재에 대한 환상에서 깨어날지도 모른다. "뭐라고, 너 따위를 사랑하다니 형편없는 것이 아닌가? 아니면 너무 어리석은 것이 아닌가? 아니면 — 아니면 — ."

『선악의 저편』

사랑받는다는 것

한 쌍의 연인이 있으면 보통 한쪽은 사랑하는 사람이고, 다른 한쪽은 사랑을 받는 사람이다. 그래서 모든 연애 관계에서 사랑의 양이 언제나 똑같다는 믿음이 생겨났다. 한쪽이 사랑을 더 많이 차지할수록 상대편에게 돌아가는 사랑이 더 적어진다는 것이다. 예외적으로 두 사람 모두 허영심에 사로잡힌 나머지 자기가 사랑받아야 한다고 생각해서, 둘 다 사랑을 받으려고 하는 경우가 생기기도 한다. 이런 이유 때문에 특히 결혼 생활에서 반은 우스꽝스럽고, 반은 어리석은 장면이 가끔 연출되는 것이다.

『인간적인 것, 너무나 인간적인 것』

가장 위험한 망각

사람들은 다른 사람들을 사랑하는 것을 잊어버리기 시작
하고, 그로써 자신에게서 사랑스러운 점을 더 이상 발견하
지 못하게 된다.

『아침놀』

사랑의 치료제

대부분의 경우 여전히 사랑에 효과가 있는 것은 옛날의 저 근본적인 치료제이다. 그것은 사랑하는 사람에게서 응답으로 받는 사랑이다.

『아침놀』

5

놀이와 즐거움에 대하여

신들은 조롱하는 취미가 있다.
그들은 성스러운 행위를 할 때조차도
웃음을 멈출 수 없는 것 같다.

『선악의 저편』

남자는 놀이를 하고 싶어 하는 아이

진정한 남자 속엔 놀이를 하고 싶어 하는 아이가 숨어 있다. 그러니, 자 여자들이여, 남자 안에 든 아이를 찾아내도록 하라!

『차라투스트라는 이렇게 말했다』

풋내기를 위한 위로

꿀꿀거리는 돼지들에 둘러싸여
굽어진 발가락으로 어찌할 바를 모르는
어린아이를 보라!
울기만, 그저 울기만 할 뿐이다 ―.
언젠가 서고 걷는 법을 배울 수 있을까?
겁내지 마라! 내 말하노니
곧 춤출 수 있을 것이다.
두 다리로 서게 되면
물구나무도 설 수 있으리라.

『즐거운 학문』

많은 사람들의 향연에서

새들을 자세히 보지도 않고, 새들의 자격을 심사하지도 않고, 새들에게 먹이를 주는 자에게서 먹을 것을 받으며 새처럼 살아간다면 얼마나 행복할까! 왔다가 날아가고, 부리에 이름을 달고 다니지 않는 새로서 살아가는 것은! 많은 사람들의 향연에서 이처럼 포식하는 것이 나의 즐거움이다.

『아침놀』

주사위 놀이

보다 작은 자가 가장 작은 자를 지배하는 즐거움과 힘을
갖기 위해 보다 큰 자에게 헌신하듯이, 가장 큰 자도 힘을
위해 헌신하고 목숨을 건다.
가장 큰 자는 모험을 감행하고 위험을 무릅쓰며, 목숨을
건 주사위 놀이를 하는 것에 헌신한다.

『차라투스트라는 이렇게 말했다』

낙이 없는 자

낙이 없는 자가 한 명만 있어도 집안 전체를 우울한 기분과 찌푸린 하늘로 만들기에 충분하다. 이런 자가 없는 경우는 기적에 가깝다! 반면에 행복은 오랫동안 지속되는 전염병이 아니다. 왜 그런 걸까?

『즐거운 학문』

학자들의 주사위 놀이

학자들은 거짓으로 주사위 놀이하는 법을 알고 있었다. 놀이에 너무 열중한 나머지 그러면서 땀을 뻘뻘 흘리고 있었다.

『차라투스트라는 이렇게 말했다』

신성한 주사위 놀이

내 머리 위의 하늘이여, 그대 순수한 자여! 높은 자여! 내게는 영원한 이성의 거미도 거미줄도 없는 것이 그대의 순수함이다. 그대는 내게 신성한 우연을 위한 무도장이고, 신성한 주사위와 주사위 놀이* 하는 자를 위한 신들의 탁자이다!

『차라투스트라는 이렇게 말했다』

---

* 아이들의 주사위 놀이에서는 같은 행위가 반복되고 생성이 되풀이되지만, 차이와 다양성을 지니며 새롭게 그것이 되풀이된다.

웃음

웃음이란 양심의 거리낌 없이 남의 불행을 고소해하는 것
을 뜻한다.

『즐거운 학문』

단념하기

재산의 일부를 놓아 버리고, 자신의 권리를 포기했는데 그
것이 커다란 부가 되어 돌아오면 우리는 즐거움을 얻는다.
고매함이 그런 범주에 속한다.

『아침놀』

춤의 노래

춤을 멈추지 말라, 사랑스런 소녀들이여! 나는 사악한 눈초리로 놀이를 망치는 자도 소녀들의 적도 아니다. 나는 중력의 영靈인 악마 앞에서 신을 대변하는 자다. 그대들 경쾌한 소녀들이여, 내가 어찌 신성한 춤에 적의를 품겠느냐? 그것도 아름다운 복사뼈를 지닌 소녀들의 발에? 나는 어두운 나무들의 숲이며 밤일지도 모른다. 하지만 나의 어둠을 두려워하지 않는 자는 나의 측백나무 아래에서 장미 비탈도 발견하리라. 그리고 그자는 소녀들이 사랑해 마지 않는 조그만 신도 발견할지 모른다. 샘물 곁에서 눈을 감고 조용히 누워 있는 신도. 정말이지 빈둥빈둥 노는 이 신은 백주 대낮에 잠이 든 모양이다! 나비를 잡으려고 너무 많이 뛰어다닌 걸까? 그대들 춤추는 아름다운 소녀들이여, 내가 이 조그만 신을 좀 꾸짖더라도 내게 화내지 마라! 그는 소리 내어 울지도 모르지. 하지만 그의 우는 모습마저 웃음을 자아내지 않는가? 그런데 이 신이 눈물이 그렁한 눈으로 그대들에게 춤을 청하면 나 자신도 그의 춤에 맞춰 노래를 부르리라. 중력의 영, '세계의 주인'이라 불리는 나의 더없이 강력한 악마를 위한 춤의 노래와 조롱의 노래를.

『차라투스트라는 이렇게 말했다』

웃음의 등급

홉스가 말했다. "웃음은 인간 본성의 나쁜 결함이니, 사유하는 모든 인간은 이를 극복하려고 노력해야 할 것이다."
웃음의 등급에 따라 철학자들의 순위도 매길 수 있을 것이다. 신들도 철학을 한다면 ─ 모든 진지한 것을 희생해서라도 ─ 위버멘쉬적이고 새로운 방식으로 웃을 수 있음을 나는 의심치 않는다.
신들은 조롱하는 취미가 있다. 그들은 성스러운 행위를 할 때조차도 웃음을 멈출 수 없는 것 같다.

『선악의 저편』

웃고 울고 흥얼거리는 성자

한 백발노인*이 차라투스트라에게 말했다. "이 나그네는 내게 낯설지 않군. 몇 해 전인가 이곳을 지나간 적이 있지. 차라투스트라라고 했지. 그런데 많이 변했군. 그때 자네는 자네의 재灰를 가지고 산으로 들어갔어. 그런데 이제는 불을 골짜기로 가져가려고 하는가? 자네는 방화범이 받는 형벌이 두렵지 않은가? 그래, 차라투스트라가 맞아. 눈은 순수하고, 입가에는 어떤 역겨움도 담겨 있지 않아. 그러니 걷는 모습이 춤추는 사람 같지 않은가? 차라투스트라는 변했어. 차라투스트라는 아이가 되었구나. 차라투스트라는 깨달음을 얻었어. 그런데 잠든 자들 곁에서 무얼 하려는가?"

성자가 대답했다. "노래를 지어 부르지. 그리고 노래를 지으면서 웃고, 울고, 흥얼거린다네. 이렇게 나는 신을 찬양하지. 나는 노래하고 울고 웃고 흥얼거리면서 신을, 나의 신을 찬양한다네. 그런데 자네는 우리에게 무슨 선물을 가져왔는가?"

---

* 세상을 등진 소박한 그리스도교인을 의미함.

차라투스트라는 홀로 되자 마음속으로 이렇게 말했다.
"이럴 수가 있단 말인가! 저 늙은 성자는 숲속에서 신은 죽
었다*는 말을 아직 듣지 못했구나!"

『차라투스트라는 이렇게 말했다』

---

* 신의 죽음은 진선미를 판단하게 해 주는 절대적 가치 기준이 무너졌음을 의
  미하고, 이 세계를 무시하는 기준이 되는 저 세계가 존재하지 않음을 선포한
  것이다. 니체는 죽은 신의 그림자도 정복해야 한다고 말한다. 신은 죽었지만
  인간의 마음속에 죽지 않고 살아 있는 신앙은 남아 숭배할 대상을 계속 찾기
  때문이다.『즐거운 학문』에서는 신의 죽음이 선포되고, 영원회귀가 언급되며,
  마지막에 가서 차라투스트라가 하산하는 내용이 담겨 있다.

삶의 한가운데서

"삶은 인식의 수단이다." — 이 원칙을 마음속에 품고 있으면 인간은 용감해질 뿐만 아니라, 심지어 즐겁게 살아가고 즐겁게 웃을 수 있게 된다! 그런데 먼저 전쟁과 승리에 익숙해 있지 않으면서 누가 잘 웃고 잘 사는 법을 터득하겠는가?

『즐거운 학문』

춤추는 자 차라투스트라

춤추는 자 차라투스트라, 날개로 신호를 보내는 가벼운 자 차라투스트라, 모든 새들에게 신호를 보내며 날아갈 준비를 갖춘 자, 만반의 준비를 갖춘, 더없이 행복하고 경박한 자.

예언자 차라투스트라, 참되게 웃는 자 차라투스트라, 참을성이 없지도 절대적이지도 않은 자, 뛰어오르기와 모로 뛰기를 좋아하는 자, 나 자신이 이 화관을 내 머리에 씌웠다!

『차라투스트라는 이렇게 말했다』

자신을 넘어 웃는 법을 배워라

자신을 넘어 웃는 법을 배워라! 그대들 마음을 드높여라,
그대들 멋지게 춤추는 자들이여, 높게! 더 높게! 그리고 멋
지게 웃는 것도 잊지 말라!

『차라투스트라는 이렇게 말했다』

행복해서 바보스러워지는 게 낫다

행복하면서도 몸이 무거운 짐승이 있고, 애당초부터 발이
굼뜬 자들이 있다. 그들은 물구나무서려고 하는 코끼리처
럼 이상하게 애쓴다. 그런데 불행해서 바보스러워지는 것
보다 행복해서 바보스러워지는 게 낫다. 절룩거리며 가는
것보단 어설프게 춤추는 게 낫다. 그러므로 나의 지혜를
배워라. 아무리 나쁜 것에도 두 가지 좋은 이면裏面이 있음
을 배워라. 아무리 나쁜 것에도 춤추기 좋은 다리가 있다.
그러니 부디 배워라, 그대들 좀 더 높은 인간들이여, 그대
들의 곧은 다리로 서는 법을! 그러니 부디 잊어라, 슬픔에
빠지는 것을, 천민의 모든 슬픔을! 오, 오늘날에는 내게 천
민의 어릿광대마저 얼마나 슬퍼 보이는지 모른다! 오늘날
은 천민의 세상이다.

『차라투스트라는 이렇게 말했다』

교육 제도에 관해

독일에서는 좀 더 높은 사람에게 중요한 교육 수단, 즉 웃음이 결여되어 있다. 독일에서 좀 더 높은 사람들은 웃지 않는다.

『즐거운 학문』

6

친구와 교제에 대하여

함께 괴로워할 때가 아니라
함께 즐거워할 때 친구가 생긴다.

『인간적인 것, 너무나 인간적인 것』

세상을 등진 자

세상을 등진 자는 무슨 일을 하는가? 그는 좀 더 높은 세계를 추구한다. 그는 긍정의 모든 인간들보다 더 멀리, 더 높이 날고자 한다. 그는 비상을 힘들게 하는 많은 것을 내던져 버린다. 그중에는 그에게 가치 있고 그가 좋아하는 것도 많이 있다. 높이 날려는 열망으로 이것을 희생시키는 것이다. 그에게서 눈에 띄는 것은 이처럼 내던지는 행위뿐이다. 그로 인해 그는 세상을 등진 자라는 이름을 듣는다. 그는 두건을 두르고 영혼을 털옷으로 감싼 세상을 등진 자로서 우리 앞에 나타난다. 그는 우리에게 미치는 이런 효과에 아마 만족할지도 모른다. 그는 우리 너머로 날아가려는 열망, 자긍심, 의도를 우리에게 숨기려고 한다. 그렇다! 그는 우리가 생각하는 것보다 현명하고, 우리에게 매우 공손하다. 이 긍정하는 자는! 그는 세상을 등지면서도 우리처럼 긍정하는 자이기 때문이다.

『즐거운 학문』

친구

함께 괴로워할 때가 아니라 함께 즐거워할 때 친구가 생긴다.

『인간적인 것, 너무나 인간적인 것』

두 친구

두 친구가 있었는데, 그들은 친구이기를 그만두었다. 양쪽
에서 동시에 절교한 것이다. 한쪽은 상대방이 자기를 너무
오해한다고 생각해서, 다른 쪽은 상대방이 자기를 너무 잘
안다고 생각해서였다. 이때 두 사람은 잘못 생각했던 것이
다! 각자 자기 자신을 충분히 알지 못했기 때문이다.

『아침놀』

칭찬받을 때의 태도

재능 있는 사람은 친한 친구들의 칭찬을 받으면 예의나 호의 때문에 종종 그것에 대해 기뻐하는 모습을 보일 것이다. 하지만 실제로는 그는 아무래도 상관없다. 반면에 그의 원래 본질은 매우 게으르며, 자신이 누워 있는 양지나 음지로부터 한 발짝도 나오려고 하지 않는다. 하지만 사람들은 칭찬으로 기쁘게 해 주려고 하고, 칭찬해도 기뻐하지 않으면 침울해한다.

『인간적인 것, 너무나 인간적인 것』

고독의 종류

어떤 사람의 고독은 병자의 도피이고, 어떤 사람의 고독은
병자로부터의 도피이다.

『차라투스트라는 이렇게 말했다』

멀리 떨어져서 보기

A: 왜 이처럼 고독하게 살아가는가?

B: 나는 누구에게도 화내지 않는다. 그러나 혼자 있으면 내 친구들과 함께 있을 때보다 그들이 더 분명하고 멋지게 보이는 것 같다. 내가 음악을 아주 많이 사랑한다고 느꼈을 때 나는 음악과 멀리 떨어져 살았다. 사물을 좋게 생각하려면 멀리 떨어져서 보는 것이 필요한 것 같다.

『아침놀』

말에서 여운으로 남는 원시 상태

남자들이 교제할 때 주장을 내세우는 방식에서 다른 무엇보다 무기를 잘 다루었던 시대의 여운을 종종 엿볼 수 있다. 때로는 그들은 목표물을 겨냥한 사수가 총을 다룰 때처럼 자신의 주장을 다룬다. 때로는 칼날이 바람을 가르는 소리와 쩔그럭거리는 소리가 들린다고 생각한다. 몇몇 남자들은 우악스러운 몽둥이마냥 주장을 내리치기도 한다. 반면에 여자들은 수천 년 동안 베틀에 앉아 있거나, 바느질을 하거나, 또는 아이들과 함께 어린애처럼 지냈던 사람들같이 말한다.

『인간적인 것, 너무나 인간적인 것』

고립이라는 논거

아무리 양심적인 자라도 "이런저런 일은 네가 속한 공동체의 미풍양속에 반한다"라는 느낌 앞에서는 양심의 비난이 약해진다. 같은 집단에 속하고 같은 교육을 받은 사람들이 차가운 시선을 보내고 눈살을 찌푸리면 아무리 강한 자라도 두려움을 느낀다. 대체 무엇을 두려워하는가? 고립이라는 논거이다! 그 논거는 인간과 사물에 대한 아무리 좋은 논거도 무력화시키는 것이다! ─ 우리 안의 군서群棲 본능은 그렇게 말한다.

『즐거운 학문』

신뢰와 친밀

다른 사람의 친밀을 일부러 강요해 얻어 내려는 자는 보통 그의 친밀을 얻고 있는지에 대해 자신감이 없다. 신뢰를 자신하는 자는 친밀을 그다지 중요시하지 않는다.

『인간적인 것, 너무나 인간적인 것』

화해의 제단에서

어떤 사람을 모욕하거나 그와 적대 관계가 됨으로써만 그 사람으로부터 어떤 일을 달성하게 되는 상황이 있다. 적이 있다는 이런 감정이 그를 너무 괴롭히기 때문에 그는 보다 부드러운 기분의 첫 징조를 화해에 이용하거나, 전에는 어떤 희생을 치르더라도 결코 내놓으려고 하지 않았을 만큼 그토록 중요했던 그 일을 화해의 제단에 희생시킨다.

『인간적인 것, 너무나 인간적인 것』

용기 있는 사람을 설득하는 법

용기 있는 사람을 설득해 어떤 행위를 하도록 하려면 그 행위를 실제보다 더 위험하게 묘사하면 된다.

『인간적인 것, 너무나 인간적인 것』

기다리게 하기

사람들을 화나게 하고 그들이 악한 생각을 품게 하는 확실
한 수단은 그들을 오랫동안 기다리게 하는 것이다. 이런
행위는 사람들을 부도덕하게 만든다.

『인간적인 것, 너무나 인간적인 것』

누가 대체 일찍이 고독하단 말인가!

겁이 많은 자는 고독이 뭔지 알지 못한다. 그의 의자 뒤에는 언제나 적이 서 있는 것이다 ─ 오, 누가 고독이라 불리는 저 섬세한 감정의 이야기를 우리에게 들려줄 수 있겠는가!

『아침놀』

친밀한 사람들에 대해

우리에게 완전한 신뢰를 선사하는 사람들은 그것으로 우리의 신뢰를 얻을 권리가 있다고 생각한다. 이것은 잘못된 결론이다. 선물로는 어떤 권리도 얻을 수 없다.

『인간적인 것, 너무나 인간적인 것』

고독한 자들에게

뭇사람들 앞에서뿐만 아니라 혼잣말을 할 때에도 다른 사
람의 명예를 보호해 주지 않으면 우리는 무례한 사람이다.

『아침놀』

교제와 불손함

자신이 언제나 공로가 있는 사람들 사이에 있다는 것을 알
게 되면 불손한 태도를 버리게 된다. 혼자 있으면 오만이
생긴다. 젊은이들이 불손한 것은 모두 하찮은 존재이면서
중요한 사람처럼 구는 자기와 같은 부류와 교제하기 때문
이다.

『인간적인 것, 너무나 인간적인 것』

아부

교제를 할 때 아부로 우리의 주의를 마비시키려고 하는 사람들은 위험한 약물, 말하자면 잠을 청하기 위해 술에 의존하는 셈이다. 이 음료는 잠재우지 못하면 오히려 정신을 말똥말똥하게 해 줄 뿐이다.

『인간적인 것, 너무나 인간적인 것』

벗에 대하여

벗을 가지기를 원한다면 그 벗을 위해 전쟁도 불사해야 한다. 그리고 전쟁을 벌이기 위해서는 적이 될 수도 있어야한다. 자신의 벗의 내부에 도사리고 있는 적도 존중해야한다. 벗에게 넘어가지 않고 그대의 벗에 가까이 다가갈수 있겠는가? 그대의 벗의 내부에 있는 최상의 적을 가져야 한다. 그대가 벗에게 반대한다면 마음으로 그에게 가장가까이 다가가야 한다.

그대는 벗에게 맑은 공기이고 고독이며, 빵이자 약인가?많은 사람들이 자신의 족쇄를 풀 수는 없지만, 자신의 벗을 구원하는 사람은 될 수 있다. 그대는 노예인가? 그렇다면 벗이 될 수 없다. 그대는 폭군인가? 그렇다면 벗을 사귈수 없다. 여성의 가슴속에는 너무 오랫동안 노예와 폭군이 숨겨져 있었다. 그 때문에 여성은 아직 우정을 나눌 능력이 없고, 사랑만 알 뿐이다. 여성의 사랑은 자신이 사랑하지 않는 모든 것을 부당하고 맹목적으로 대한다. 그리고여성의 뭔가를 아는 듯한 사랑에도 여전히 빛 말고 기습이며 번개며 밤이 들어 있다. 여성은 아직 우정을 나눌 능력이 없다. 여성들은 여전히 고양이며 새와 같고, 또는 기껏

해야 암소와 같다. 여성은 아직 우정을 나눌 능력이 없다. 하지만 그대 남성들이여, 내게 말하라, 그대들 중에서도 대체 우정을 나눌 능력이 있는 사람이 누가 있는지? 아, 그대 남성들이여, 그대들의 영혼은 얼마나 빈곤하고 인색한가! 나는 그대들이 벗에게 주는 만큼 나의 적에게 주고자 한다. 그랬다고 더 빈곤해졌다고 말하지 않으리라.

『인간적인 것, 너무나 인간적인 것』

빛의 벗에게

눈과 감각을 지치게 하지 않으려면
태양을 향하면서도 그늘 속을 걸어라!

『즐거운 학문』

편파적인 인간

사교에 자신감이 없는 사람들은 어떤 기회든 이용하여 사
람들 앞에서 자기보다 못한 어떤 참석자에게 자기의 우월
성을 공공연히 드러낸다. 예컨대 조롱을 해서.

『인간적인 것, 너무나 인간적인 것』

소원함의 징표

두 사람의 견해가 소원해져 있다는 가장 뚜렷한 징표는 서로가 조금씩 비꼬는 말을 하고 있지만, 누구도 비꼬는 것으로 느끼지 않는다는 점이다.

『인간적인 것, 너무나 인간적인 것』

너무 적게 존경받는 경우

예상보다 미미한 존경의 표시를 받은 매우 자긍심이 강한 사람들은 오랫동안 그 문제에 관해 자기 자신과 다른 사람들을 속이려고 한다. 그들은 다른 사람들이 자기를 충분히 존경하고 있었다는 사실을 캐내기 위해 궤변을 농하는 심리학자가 될 것이다. 목적을 이루지 못하고, 속임수의 베일이 찢어지면 그들은 더 큰 분노에 빠지게 된다.

『인간적인 것, 너무나 인간적인 것』

교육을 위해

우리 식의 교양과 교육에서 가장 일반적인 결함이 점차 내 눈에 드러났다. 아무도 배우지 않고, 아무도 노력하지 않고, 아무도 가르치지 않는다 ― 고독을 견디는 법을.

『아침놀』

이야기를 들려주는 사람의 의도를 파악하기

무언가를 이야기하는 자는 이야기하는 내용 그 자체가 그의 흥미를 끄는지 아니면 이야기를 통해 다른 사람들의 흥미를 끌려고 하는지 쉽게 알아채게 해 준다. 후자의 경우에는 과장을 하고, 최상급의 형용사를 쓰거나 그와 비슷한 일을 할 것이다. 그럴 때 그는 이야기 자체보다 오히려 그 자신을 생각하기 때문에 이야기를 더 못 하게 된다.

『인간적인 것, 너무나 인간적인 것』

실생활에서 벌어지는 희극의 한 장면

누군가가 사교 모임에서 들려주기 위해 어떤 주제에 대한 재기 있는 견해를 생각해 냈다고 하자. 그러면 사람들은 희극을 듣고 보는 것과 같을 것이다. 그는 모든 돛을 올리고 어떤 지점에 이르려고 하고, 자기가 발언할 수 있는 곳에서 좌중의 사람을 태우려고 한다. 그는 하나의 목표를 향해 대화를 밀고 나간다. 때로는 방향을 잃기도 하고 다시 찾기도 하면서, 결국에는 그 순간에 도달한다. 다시 말해 그는 숨이 막혀 거의 말이 나오지 않는다. 그때 모임의 어떤 자가 그의 발언을 가로챈다. 그는 어떻게 할 것인가? 그 자신의 견해에 반대할 것인가?

『인간적인 것, 너무나 인간적인 것』

붙임성과 인간 경멸

붙임성에는 인간을 미워하는 마음이 없다. 하지만 바로 그
때문에 인간을 경멸하는 마음이 너무 많은 것이다.

『선악의 저편』

본의 아니게 다른 사람에게 무례하게 대하는 경우

누군가가 본의 아니게 다른 사람에게 무례하게 대한다면, 예컨대 상대방이 자기를 알아보지 못한다고 자신이 인사를 하지 않았다면, 비록 그런 신조를 비난할 수는 없지만 그 일은 그를 화나게 한다. 상대방이 자기를 나쁘게 생각할까 봐 마음이 상하는 것이다. 또는 기분 나쁘게 한 결과를 두려워하거나, 상대방의 감정을 상하게 했다는 사실에 마음이 아프기도 한다. 그러므로 허영심, 두려움, 동정심이 일어날 수 있다. 어쩌면 이 모든 것이 함께 일어날 수도 있다.

『인간적인 것, 너무나 인간적인 것』

더 이상 환영받지 못하는 친구

사람들은 자기의 희망을 충족시켜 줄 수 없는 친구를 보고 차라리 적이었으면 한다.

『아침놀』

모욕하는 것과 모욕당하는 것

모욕하고 뒤에 용서를 구하는 것이, 모욕당하고 용서하는 것보다 훨씬 기분이 좋다. 전자는 힘이 있다는 표시를 보이고, 후에는 성격이 좋다는 평판을 듣는 셈이다. 후자는 몰인정하다는 평가를 받지 않으려면 용서를 해 주는 수밖에 없다. 상대방이 겸손하게 나온다 해도 이처럼 어쩔 수 없이 용서를 해 줘야 하므로 즐거움이 반감되고 만다.

『인간적인 것, 너무나 인간적인 것』

사교 모임이 끝난 뒤에 느끼는 양심의 가책

우리는 왜 사교 모임이 끝난 뒤 양심의 가책을 느끼는 걸까? 중요한 사항을 가볍게 취급했거나, 사람들에 관해 논평하면서 충실히 말하지 않았기 때문이다. 또는 말을 해야 할 때 침묵했거나, 기회를 봐 자리에서 일어나 그곳을 뜨지 않기 때문이다. 요컨대 사교 모임에서 우리도 그 일원인 것처럼 행동했기 때문이다.

『인간적인 것, 너무나 인간적인 것』

우리는 잘못된 평가를 받기 쉽다

자신이 어떤 평가를 받는지 귀를 쫑긋하는 사람은 항상 화를 내게 된다. 우리는 우리와 가장 가까이 있는('우리를 가장 잘 아는') 자들한테 잘못된 평가를 받기 때문이다. 친한 친구들조차 언짢은 기분을 때때로 악의적인 말로 드러낸다. 만약 우리를 정확히 알고 있다면 그들이 우리의 친구가 될 수 있을까? 무관심한 사람들의 판단은 대단히 공평무사하고, 거의 객관적으로 들리므로 우리의 마음을 무척 아프게 한다. 하지만 이보다 우리에게 적의를 품고 있는 어떤 사람이 우리가 비밀로 하고 있는 부분까지 우리 자신만큼 잘 알고 있다는 것을 깨닫게 될 때 우리의 불쾌감은 얼마나 크겠는가!

『인간적인 것, 너무나 인간적인 것』

7
도덕과 윤리에 대하여

나는 큰 명예도 막대한 재물도 바라지 않는다.
간덩이만 붓게 하기 때문이다. 그러나 적당한 명성에
어느 정도의 재물이 없으면 잠을 이루기 어렵다.

『차라투스트라는 이렇게 말했다』

우리는 행동함으로써 내버려 둔다

"이것을 하지 마라! 체념하라! 너 자신을 극복하라!"라고 말하는 모든 도덕에 나는 기본적으로 반감을 느낀다. 반면에 아침부터 저녁까지 어떤 일을 하고 또 하도록 하고, 밤이면 이런 것을 꿈꾸게 하는 도덕은 좋아한다. 이 일을 가능한 한 잘해 내는 것 외에는 아무것도 생각하지 않게 하는 도덕 말이다!

그렇게 살아가는 사람에게는 그런 삶에 속하지 않는 것이 하나 둘씩 계속 떨어져 나간다. 그는 아무런 미움이나 반감 없이 오늘은 이것, 내일은 저것과 작별을 고한다. 미풍에 떨어져 나가는 누렇게 변한 나뭇잎처럼. 그는 작별을 고한다는 사실에도 전혀 눈길을 주지 않는다. 그의 눈은 단호히 목표와 앞만 바라볼 뿐, 옆도 뒤도 아래도 바라보지 않는다.

"우리의 행동이 우리가 버려두려는 것을 결정해야 한다. 우리는 행동함으로써 내버려 둔다." 이것이 내 마음에 드는 것이고, 나의 원칙이 그러하다. 하지만 두 눈을 뻔히 뜨고 빈곤해지려고 애쓰지는 않으련다. 나는 모든 부정적인 덕, 부정과 단념이 그 본질인 덕을 좋아하지 않는다.

『즐거운 학문』

윤리와 우둔함

풍습은 유용한 것과 해로운 것으로 추정되는 것에 대한 옛 날 사람들의 경험을 나타낸다. 하지만 풍습(윤리)에 대한 감정은 경험 그 자체가 아닌 풍습의 햇수, 신성함, 권위와 관계된다. 이로써 그 감정은 우리가 새로운 경험을 해서 풍습을 수정하는 것을 가로막는다. 말하자면 윤리는 새롭 고 더 나은 풍습이 생겨나는 것을 방해한다. 즉, 윤리가 우 둔해지는 것이다.

『아침놀』

도덕성과 목표의 양

어떤 사람의 도덕성이 다른 사람과 비교해서 더 높은 것은 다만 목표의 양이 더 많기 때문인 경우가 종종 있다. 좁은 범위에서 사소한 것에 매달리면 그 사람의 도덕성도 떨어진다.

『인간적인 것, 너무나 인간적인 것』

우리가 도덕적인 것은
우리가 도덕적이기 때문이 아니다!

도덕에 복종하는 것은 노예적이거나 허영이고, 이기적이
거나 체념적이고, 막연한 열광이거나 경솔한 일이고, 절망
의 행위일 수 있다. 이는 군주에게 복종하는 것과 마찬가
지라 그 자체는 전혀 도덕적이지 않다.

『아침놀』

위험한 덕

"그는 아무것도 잊지는 않지만, 모든 것을 용서한다."
— 그러면 그는 배로 미움을 받는다. 그는 자신의 기억력과
고매함으로 다른 사람을 배로 부끄럽게 만들기 때문이다.

『아침놀』

도덕 계몽을 위해

우리는 독일인을 설득하여 그들이 메피스토펠레스*와 파우스트**의 성격을 갖지 않도록 해야 한다. 이것은 인식의 가치에 대한 두 가지 편견이다.

『즐거운 학문』

---

* 중세 서양의 파우스트 전설에 나오는 악마로 파우스트가 부와 권력의 대가로 그에게 혼을 팔았다
** 괴테가 지은 희곡으로 파우스트 전설을 바탕으로 했다. 학문과 지식에 절망한 노학자가 악마의 꾐에 빠지지만 곧 잘못을 깨달아 구원을 받는다는 이야기이다.

자기의 덕으로부터 달아나기

사상가가 경우에 따라 자신의 덕으로부터 달아날 줄 모른다면 어찌 사상가라 할 수 있겠는가! 그는 '단지 도덕적인 존재에 불과'해서는 안 된다!

『아침놀』

자신의 부도덕성을 부끄러워하는 것

자신의 부도덕성을 부끄러워하는 것 — 이것은 결국에는 자신의 도덕성마저 부끄러워하게 되는 과정의 첫 단계이다.

『선악의 저편』

인간성은 하나의 편견이다

우리는 짐승을 도덕적인 존재로 보지 않는다. 하지만 그대들은 짐승이 우리를 도덕적인 존재로 본다고 생각하는가? ― 말을 할 줄 알았던 어느 짐승은 이렇게 말했다. "인간성은 하나의 편견이며, 우리 짐승들은 그런 편견에 시달리지 않는다."

『아침놀』

겁쟁이와 몰인정한 자

겁쟁이들 중에는 용감함에 반대하는 말을 하면 태도가 나빠지며 경멸감을 보이는 자가 있다. 그리고 몰인정한 사람들은 동정에 반대하는 말을 하면 격분하는 모습을 보인다.

『아침놀』

덕을 가르치는 강의에 대하여

잠을 존중하고 부끄러워하라! 그것이 가장 중요한 일이니라! 그러니 밤에 잠을 이루지 못하고 깨어 있는 자들을 멀리하라! 도둑은 잠을 부끄러워한다. 도둑은 밤이면 언제나 살금살금 돌아다닌다. 그러나 야경꾼은 부끄러움을 모르고, 뻔뻔스럽게 호루라기를 가지고 다닌다. 잠을 자기란 쉬운 일이 아니다. 그러려면 종일 주의하는 게 필요하다. 낮에 그대는 열 번이나 자신을 극복해야 했다. 그것은 심한 피로를 안겨 주지만, 영혼의 양귀비이다. 그대는 열 번이나 자기 자신과 화해해야 했다. 극복하기란 쓰라린 일이라서, 화해하지 않은 자는 잠을 이루기 어렵기 때문이다.

신과 이웃에 화목하게 지내라! 그래야 잠을 잘 이룰 수 있다. 그리고 이웃의 악마와도 화목하게 지내라! 그렇지 않으면 그대 집에 악마가 나타날 것이다. 공권력에 경의를 표하고 복종하라, 잘못된 공권력일지라도! 그래야 잠을 잘 이룰 수 있다. 권력이 굽은 다리로 돌아다니는 걸 좋아하는데 난들 어떡하겠는가? 나는 자신의 양 떼를 가장 푸른 초원으로 이끌고 가는 자를 항상 최고의 양치기라고 부른다. 그래야 편히 잠을 이룰 수 있다. 나는 큰 명예도 막대한 재물도 바라지 않는다. 간덩이만 붓게 하기 때문이다. 그러나 적당한 명성에 어느 정도의 재물이 없으면 잠을 이루기 어렵다. 나는 나쁜 사람들과 사귀는 것보다 소수의 사람들과 사귀는 것을 더 좋아한다. 하지만 이런 사귐은 때맞춰 시작했다가 끝내야 한다. 그래야 편히 잠을 이룰 수 있다. 나는 마음이 가난한 자들도 무척 좋아한다. 그들은 잠을 잘 이루게 해 준다. 특히 그들이 사람들에게 옳다는 것을 항상 인정받는다면 그들은 복받은 자들이다.

『차라투스트라는 이렇게 말했다』

도덕적 현상이란 존재하는가?

도덕적 현상이란 전혀 존재하지 않는다. 현상에 대한 도덕적인 해석만 있을 뿐이다…….

『선악의 저편』

윤리의 부정에 대해

나는 비非윤리도 부정한다. 나는 수많은 사람들이 자신을 비윤리적이라고 느끼는 사실을 부정하는 것이 아니라 그렇게 느끼는 근거가 진리에 있다는 사실을 부정한다. 내가 바보가 아닌 이상 다음 사실을 부정하지 않는 것은 자명하다.

비윤리적이라 불리는 많은 행위를 피해야 하고 극복하려고 노력해야 한다. 마찬가지로 윤리적이라고 불리는 많은 행위들은 해야 하고, 장려해야 한다. 그러나 나는 두 가지 모두 지금까지와는 다른 근거에서 행해야 한다고 생각한다. 우리는 달리 생각하는 법을 배워야 한다 — 어쩌면 한참 훗날의 일이 될지도 모르지만, 마침내 더 많은 것에 도달하기 위해, 다르게 느끼기 위해.

『아침놀』

희열과 열정에 대하여

한때 그대에겐 열정이 있었지만, 그대는 그것을 악이라 불렀다. 그런데 이제 그대는 자신의 덕만을 지니고 있는데, 그 덕은 그대의 열정에서 자라난 것이었다. 그대는 이러한 열정에 그대의 최고 목표를 간절히 권했다. 그러자 그 열정은 그대의 덕이 되고 희열이 되었다.

나의 형제여, 그대에게 행운이 있다면 그대는 하나의 덕을 가질 뿐 더 이상 갖지 않을 것이다. 그래야 더 홀가분한 마음으로 다리를 건널 수 있기 때문이다. 덕이 많다는 것은 돋보이는 일이긴 하지만, 힘든 운명이기도 하다. 많은 이들이 사막으로 가서, 덕들의 싸움을 견디고 전쟁터가 되는 것을 감내하느라 지친 나머지 스스로 목숨을 끊지 않았던가. 나의 형제여, 전쟁과 전투는 악한 것인가? 하지만 이러한 악은 꼭 필요하고, 그대의 여러 덕들끼리의 시샘, 불신, 비방은 필연적이다. 보라, 그대의 덕들은 각기 최고의 자리를 갈망하고 있지 않은가. 그대의 정신을 그 덕의 전령으로 삼고자, 덕은 그대의 정신 전체를 원한다. 그대의 덕은 분노, 미움, 사랑 속에서 그대의 힘 전체를 원한다.

『차라투스트라는 이렇게 말했다』

모든 덕에는 때가 있다

오늘날 강직한 사람은 자신의 솔직함 때문에 가끔 양심의 가책을 느끼게 된다. 강직함은 솔직함과는 다른 시대의 덕목이기 때문이다.

『즐거운 학문』

그리스의 이상

그리스인은 오디세우스의 어떤 점을 경탄했던가? 무엇보다 거짓말하는 능력과 교활하고 끔찍한 복수를 하는 능력이었다. 상황에 대처하는 능력과 필요할 때면 마음대로 가장 고귀한 자보다 더 고귀하게 보일 수 있는 능력이었다. 영웅다운 인내와 온갖 수단을 가리지 않고 재기가 있다는 점이었다 ─ 그의 재기는 신들의 경탄 대상이었다. 그 재기를 생각하며 신들은 미소를 지었다. 이 모든 것이 그리스의 이상이라니! 이때 가장 특이한 점은 가상과 존재의 대립을 전혀 느낄 수 없어서, 그 대립이 윤리적으로 평가되지도 않는다는 것이다. 일찍이 그토록 철저한 배우가 있었다니!

『아침놀』

8

몸과 마음, 일과 노동에 대하여

직업은 삶의 버팀목이다.

『인간적인 것, 너무나 인간적인 것』

몸을 경멸하는 자

자기Selbst*는 자아에게 말한다. "여기서 고통을 느껴라!" 그러면 자아는 괴로워하면서, 어떻게 하면 더 이상 괴로워하지 않을지 곰곰이 생각한다 — 바로 그래서 자아는 사유해야 한다.

자기는 자아에게 말한다. "여기서 즐거움을 느껴라!" 그러면 자아는 기뻐하면서, 어떻게 하면 자주 기뻐할 수 있을지 곰곰이 생각한다. 바로 그래서 자아는 사유해야 한다.

나는 몸을 경멸하는 자들에게 한마디 하고자 한다. 그들이 경멸하는 것은 사실 존중하기 때문이다. 존중과 경멸, 가치와 의지를 창조한 것이 무엇이란 말인가? 창조하는 자기가 존중과 경멸, 즐거움과 고통을 창조했다. 창조하는 몸은 자신의 의지의 손으로서 정신을 창조했다.

『차라투스트라는 이렇게 말했다』

---

* 니체는 정신과 몸을 통합하는 제3의 신체를 자아와 구별하여 자기라고 칭하고 있다.

밤과 음악

두려움의 기관器官인 귀는 한밤중에만, 그리고 컴컴한 숲이나 동굴의 박명薄明 속에서만 제대로 발달할 수 있었다. 그것은 겁이 많은 자, 즉 가장 오래된 선사시대 인류의 생활 방식에 알맞은 것이었다. 밝을 때 귀는 그보다 덜 필요하다. 그 때문에 음악은 밤과 박명의 예술이라는 성격을 지니게 되었다.

『아침놀』

자신의 마음을 구속하라

자신의 마음을 가혹하게 구속하고 잡아 두면 정신에 많은 자유를 줄 수 있다. 나는 벌써 이 말을 한번 했다. 하지만 사람들은 이 말을 알아듣지 못했는지 내 말을 믿지 않는다.

『선악의 저편』

몸과 정신을 통합하는 자기自己

몸은 하나의 커다란 이성이고, 하나의 의미를 지닌 다원성이며, 전쟁이자 평화이며, 가축의 무리이자 목자이다. 나의 형제여, 그대가 '정신'이라고 부르는 그대의 하찮은 이성도 그대 몸의 도구이고, 그대의 커다란 이성의 작은 도구이자 장난감이다. 그대는 '자아'란 말에 자긍심을 느낀다. 하지만 보다 위대한 것은 그대의 몸이고 그 몸이라는 커다란 이성이다. 이 커다란 이성은 자아를 말하지 않고 자아를 행한다. 도구와 장난감은 감각이자 정신이다. 그것들 뒤에는 자기가 있다. 자기는 감각의 눈으로 추구하고, 정신의 귀로도 귀 기울인다.

『차라투스트라는 이렇게 말했다』

삶은 우리 마음을 달래 줘야 한다

사상가처럼 대개 사고와 감정의 흐름 속에 살아가는 사람,
그리고 밤에 꿈을 꿀 때조차 이런 흐름을 따르는 사람은
삶으로부터 위안과 조용함을 갈망한다 — 반면에 명상에
몸을 바치는 다른 어떤 사람들은 삶으로부터 쉬려고 한다.

『아침놀』

고마운 마음

노예정신의 소유자들 중에는 은혜 받은 것에 고마운 마음
이 지나쳐 감사의 끈으로 자신의 목을 조르기까지 하는 자
도 있다.

『인간적인 것, 너무나 인간적인 것』

관대한 마음이 많이 필요한 경우

많은 사람들은 천성적으로 공공연한 범죄자가 되든지 아니면 은밀한 피해자가 되든지 둘 중 하나만을 선택할 수 있을 뿐이다.

『아침놀』

마음속의 예의

많은 사람의 경우 칭찬을 받고 기뻐하는 것은 마음속의 예의에 불과하다 ─ 그리고 그것은 바로 정신의 허영심과 짝을 이룬다.

『선악의 저편』

사치벽

사람들의 마음속에는 사치벽이 깊이 뿌리박혀 있다. 그것은 과잉과 무절제야말로 영혼이 가장 헤엄치기 좋은 물이라는 것을 드러낸다.

『아침놀』

명성

한 사람에 대한 다수의 고마운 마음이 수치심을 모두 떨쳐
버렸을 때 명성이 생겨난다.

『즐거운 학문』

노동의 찬미자

사람들은 '노동'을 찬미하고, '노동의 축복'에 대해 지칠
줄 모르고 이야기한다. 이때 나는 비개인적인 공익 행위의
경우에서와 같은 속마음, 즉 모든 개인적인 것에 대한 두
려움이라는 속마음이 있음을 본다.

기본적으로 사람들은 지금 이런 노동 — 이때의 노동이란
아침부터 밤까지 하는 고된 일을 말한다 — 을 보며 그런
노동이야말로 최상의 경찰이고, 그것이 모든 사람을 억제
하며, 이성, 열망, 독립욕의 발전을 강력히 저지할 수 있다
고 느낀다. 왜냐하면 노동은 엄청나게 많은 정신력을 소모
하고, 성찰, 숙고, 몽상, 걱정, 사랑, 미움을 위한 힘을 앗아
가기 때문이다.

노동은 언제나 작은 목표를 세우고, 규칙적으로 쉽게 만
족을 얻게 해 준다. 따라서 끊임없이 고된 노동을 해야 하
는 사회는 보다 안전할 것이다. 그리고 지금 이 안전이 최
고의 신성으로 숭배되고 있다 — 그런데 이제! 경악할 일
이다! 바로 그 '노동자'가 위험해진 것이다! '위험한 개인
들'로 우글거리고 있다! 그리고 그들의 배후에는 위험 중
의 위험 — 즉, 개인이 있다.

『아침놀』

조상의 길

자신의 아버지나 할아버지가 심혈을 기울여 온 재능을 자신이 계속 단련시키고, 완전히 새로운 것으로 변질시키지 않는 것은 합리적인 일이다. 그렇게 하지 않으면 그 재능이 누군가의 손에서 완전한 것에 도달할 가능성이 사라지게 된다. 따라서 속담에 이런 말이 있다. "그대는 어떤 길로 말을 타고 가야 하는가 ─ 그대의 조상이 타고 간 길이다."

『인간적인 것, 너무나 인간적인 것』

가장 고요한 시간

어제 저녁때쯤 나의 가장 고요한 시간이 나한테 말했다. 그것이 나의 무서운 여주인의 이름이다. 일이 이렇게 일어났다. 느닷없이 떠나는 사람에게 그대들의 마음이 응어리지지 않도록 나는 그대들에게 죄다 말해야 하기 때문이다!

"위대한 일을 해내기는 쉽지 않다. 그러나 위대한 일을 명령하는 것은 더 어렵다. 그대의 가장 용서 못할 점은 그대가 힘이 있지만 지배하려고 하지 않는 점이다." 그래서 나는 대답했다. "내게는 명령을 내리기 위한 사자 같은 목소리가 없다." 그때 누군가가 다시 속삭이듯 내게 말했다. "아주 조용한 말이 폭풍우를 몰고 오고, 비둘기의 발걸음으로 오는 사상이 세계를 움직인다. 오, 차라투스트라, 그대는 다가올 자의 그림자로서 걸어가야 한다. 그러면 그대는 명령할 것이고, 명령하면서 앞장서 갈 것이다."

『차라투스트라는 이렇게 말했다』

권고의 말

명예를 얻고 싶은가?
그럼 이 가르침을 유의하라.
늦지 않게 거리낌 없이 포기하라, 명예를!

『즐거운 학문』

삶과 헤어질 때는

우리는 오디세우스가 나우시카*와 헤어질 때처럼 삶과 헤어져야 한다 — 연모하기보다는 그 이상으로 축복하면서.

『선악의 저편』

---

* 호메로스의 『오디세이아』 제6권에 등장하는 처녀. 스케리아 섬의 왕 알키노스의 딸로, 배가 난파하여 오디세우스가 스케리아 섬에 표착(漂着)했을 때 나우시카는 아버지의 저택으로 그를 데리고 가서 보살핀다. 용기와 품위를 갖추고 있으며, 사려 깊고 여자다운 부드러움을 지닌 여성의 이상형이라고 할 수 있다. 헬라니코스에 따르면 그녀는 나중에 오디세우스의 아들 텔레마코스와 결혼한 것으로 되어 있다.

삶이란 무엇을 뜻하는가?

삶 — 그것은 죽으려는 무언가를 끊임없이 자신으로부터 밀쳐 내는 것을 뜻한다.

삶 — 그것은 우리에게 있는, 우리에게 있는 것뿐만 아니라 약해지고 늙어 가는 모든 요소에 대해 잔혹하고 가차 없는 태도를 취하는 것을 뜻한다.

삶 — 그것은 죽어 가는 것, 비참한 것과 노쇠한 것에 경건함이 없는 태도를 뜻하는 것이 아닐까? 끊임없는 살인자가 아닐까?

하지만 늙은 모세는 이렇게 말했다. "살인하지 마라!"

『즐거운 학문』

고풍스러운 잡담

"무엇을 위해 사는가? 모든 것은 덧없다! 삶 — 그것은 짚을 타작하는 것이다. 삶 — 그것은 자신을 불태우지만 따뜻해지지 않는 것이다."

이런 고풍스러운 잡담이 아직 '지혜'로 간주된다. 낡고 곰팡내 나기 때문에 더욱 존중받는다. 곰팡내마저 고상해지는 것이다.

『차라투스트라는 이렇게 말했다』

삶을 가볍게 만들려면

창조하는 것, 이것이야말로 고통으로부터의 위대한 구원
이며, 삶을 가볍게 만드는 것이다. 하지만 창조하는 자가
되려면 뼈를 깎는 고통과 많은 변신이 필요하다.

『차라투스트라는 이렇게 말했다』

처세의 지혜

평지에 머물지 마라!
너무 높이 오르지도 마라!
중간 높이에서 본 세상이
가장 아름답게 보이니까.

『즐거운 학문』

삶은 자신을 높은 곳에 세우려고 한다

삶 자체는 기둥과 계단으로 자신을 높은 곳에 세우려고 한다. 그래서 삶은 먼 곳을 바라보며 복된 아름다움을 추구한다. 그 때문에 삶에는 높은 곳이 필요하다! 삶에는 높은 곳이 필요하므로 계단들이 필요하고, 계단들과 오르는 자들의 모순이 필요하다! 삶은 오르려고 하고, 오르면서 자신을 극복하고자 한다!

『차라투스트라는 이렇게 말했다』

인생의 여러 가지 위험성

그대들은 그대들이 체험하는 것을 전혀 알지 못한다. 그대들은 술 취한 사람처럼 인생을 달려가다가 때로는 계단에서 굴러 떨어지기도 한다. 하지만 취한 덕분에 팔다리를 부러뜨리지는 않는다. 그대들의 근육은 너무 지쳐 있고 머리는 너무 흐리멍덩해서 그대들은 우리와 마찬가지로 이 계단의 돌이 얼마나 단단한지 알지 못한다! 우리에게 인생은 더 위험하다. 우리는 유리로 만들어져 있으니 ― 우리끼리 부딪치면 고통스럽다. 그리고 넘어지는 순간 우리는 모든 것을 잃고 만다.

『즐거운 학문』

직업의 가치

직업은 깊이 생각하지 않게 만든다. 그 점이 직업의 가장 큰 축복이다. 직업은 일반적인 종류의 의구심●이나 걱정이 엄습할 때 스스럼없이 뒤로 물러나 몸을 숨길 수 있는 엄호물이기 때문이다.

『인간적인 것, 너무나 인간적인 것』

투쟁하는 삶

투쟁하는 삶을 살도록 하라! 낡은 삶에 무슨 가치가 있단 말인가! 전사가 무슨 보살핌을 받을 필요가 있겠는가! 나는 그대들을 보살피지 않고, 진정으로 사랑할 뿐이다. 전쟁 중인 나의 형제들이여!

『차라투스트라는 이렇게 말했다』

사업가

그대의 사업 ─ 그것은 그대의 가장 큰 편견이다. 그것은 그대를 그대의 장소, 그대의 사회, 그대의 경향에 묶어 놓는다. 사업에는 열심이지만, 정신에는 게으르다. 그대의 결핍에 만족하고, 의무의 앞치마를 이런 만족 위에 걸친다. 그대는 그렇게 살아가고, 그대의 자식들도 그렇게 살기를 바란다!

『아침놀』

현명한 처세술에 대하여

저 높은 곳으로 눈길을 향하고, 심연을 붙든 채 자신을 지탱하려고 하는 것, 이것, 이것이야말로 나의 비탈이고 위험이다! 나의 의지는 인간들에게 매달려 있다. 위버멘쉬가 되려고 위로 잡아당겨지기 때문에, 나는 쇠사슬로 자신을 인간들에게 묶는다. 나의 또 다른 의지가 위로 올라가려고 하기 때문이다.

사기꾼들을 경계하지 않기 위해 내가 속아 넘어가는 것이 나의 가장 현명한 처세술이다. 아, 내가 인간들을 경계한다면, 인간이 어떻게 나의 기구氣球를 붙들어 매는 닻이 될 수 있겠는가! 나는 너무 수월하게 위로 끌려가고 말 것이다!

『차라투스트라는 이렇게 말했다』

올바른 직업

남자는 한 직업이 기본적으로 다른 직업보다 중요하다고 믿거나 스스로를 설득하지 못하는 한, 어떤 직업이든 견뎌 내는 일이 드물다. 여성이 자기 연인을 대하는 태도도 이 와 마찬가지이다.

『인간적인 것, 너무나 인간적인 것』

직업

직업은 삶의 버팀목이다.

『인간적인 것, 너무나 인간적인 것』

디오니소스적이란

나는 삶의 가장 낯설고 가장 가혹한 문제에 직면해서도 삶
자체를 긍정한다. 자신의 최상의 모습을 희생시키면서 자
신의 고유한 무한성에 환희를 느끼는 삶에의 의지 ― 이것
을 디오니소스적이라 부른다.

『이 사람을 보라』

9

삶의 지혜에 대하여

괴물과 싸우는 사람은 그러다가
자신이 괴물이 되지 않도록 조심해야 한다.
그대가 오랫동안 심연을 들여다보고 있다면
심연 역시 그대를 들여다볼 것이다.

『선악의 저편』

저녁의 판단

하루가 끝나고 피곤할 때 그날과 평생의 일에 대해 곰곰이 생각하는 사람은 보통 우울한 기분으로 되돌아보게 된다. 하지만 그것은 그날 하루와 삶 때문이 아니라 피로 때문이다. 일을 하는 중에 우리는 보통 삶과 존재에 대해 판단하는 시간을 내지 못한다. 즐기는 중에도 마찬가지이다.

하지만 언젠가 그런 판단을 하게 될 때 우리는 제7일과 휴식을 기다린 사람에게, 현존하는 모든 것을 매우 아름답게 볼 권리를 더 이상 부여하지 않는다. 그는 더 나은 순간을 놓쳐 버린 것이다.

『아침놀』

여행자와 그 등급

여행자에게는 다섯 가지의 등급이 있다. 가장 낮은 등급은 여행하면서 관찰의 대상이 되는 자들이다. 그들은 본래 여행의 대상이며 흡사 장님과 같다. 다음 등급은 실제로 세상을 구경하는 자들이다. 세 번째 등급의 여행자는 관찰한 결과로 무언가를 체험하는 자이다. 네 번째 등급의 여행자는 체험한 것을 체득해서 몸에 지니고 다닌다.

마지막으로 최고의 능력을 지닌 몇몇 사람들이 있다. 그들은 관찰한 것을 모두 체험하고 체득한 뒤 집에 돌아온 즉시 체험하고 체득한 것을 행동이나 일에서 반드시 발휘해 나간다.

인생의 여로旅路를 걷는 모든 인간은 이 다섯 종류의 여행자와 같다. 가장 낮은 등급의 인간은 전적으로 수동적으로 살아가고, 가장 높은 등급의 인간은 내면적으로 체득한 것을 남김없이 발휘하며 행동하는 자로 살아간다.

『인간적인 것, 너무나 인간적인 것』

깊은 것과 깊이 있게 보이는 것

자신을 깊게 아는 사람은 명료함을 얻으려고 노력한다. 대중에게 깊이 있게 보이고 싶어 하는 사람은 모호함을 얻으려고 노력한다. 대중은 바닥이 보이지 않는 것은 모두 깊다고 생각하기 때문이다. 그들은 너무 겁이 많아서 물속으로 들어가는 것을 좋아하지 않는다.

『즐거운 학문』

매일 처음 생각할 일

매일매일을 잘 시작하는 최상의 방법은 눈을 뜨면 적어도
한 사람이라도 이날 즐겁게 해 줄 수 없을지 생각하는 것이
다. 만약 이것이 기도라는 종교적 습관을 대신하는 것으로
간주된다면 주위 사람들은 이런 변화로 이득을 볼 것이다.

『인간적인 것, 너무나 인간적인 것』

불편한 특성

모든 사물을 깊이 들여다보는 것은 불편한 특성이다. 그것은 계속 눈을 부릅뜨고 보게 해서 결국 원했던 이상으로 많은 것을 발견하게 된다.

『즐거운 학문』

진실한 척하기

많은 사람은 진실하다. 그것은 자기 감정을 속이는 것을 혐오해서가 아니라 자신의 위선을 믿도록 할 자신이 없어서이다. 요컨대, 그는 배우로서의 자기의 재능을 신뢰하는 것이 아니라, 솔직함, '진실한 척하기'를 더 좋아하는 것이다.

『아침놀』

240

진실한 자의 의지

사자의 의지는 스스로에게 굶주리고 난폭해지며, 고독하고 신을 부정하기를 바란다. 노예의 행복에서 벗어나, 신들과 숭배로부터 구원되며, 겁내지 않고 남을 겁내게 하고, 위대하고 고독해지는 것, 이것이 진실한 자의 의지이다.

『차라투스트라는 이렇게 말했다』

세계의 파괴자

자기가 하는 일이 실패하면 그는 결국 화가 나서 이렇게 외쳐 댄다. "온 세계가 파멸해 버렸으면!" 이런 혐오스러운 감정은 시기심의 극치이며, 다음과 같이 추론할 수 있다. "내가 무언가를 가질 수 없기에 온 세계는 아무것도 가져서는 안 된다. 온 세계는 무無가 되어야 한다."

『아침놀』

당황함에 대해

심하게 당황한 사람들을 도와주고 그들을 진정시키는 가
장 좋은 방법은 그들을 단호히 칭찬하는 것이다.

『인간적인 것, 너무나 인간적인 것』

불멸의 존재로 만들기

자신의 적을 죽이려는 자는 그렇게 함으로써 그 적을 불멸
의 존재로 만들지나 않을지 고려해야 한다.

『아침놀』

동정심이 많은 사람

남의 불행을 보면 어느 때든 돕기 좋아하는 동정심이 많은 사람이 동시에 함께 기뻐하는 사람인 경우는 드물다. 남이 행복할 때 그들은 할 일이 없고, 불필요한 존재이며, 우월함을 지니고 있다고 느끼지 못한다. 그 때문에 그들은 쉽게 불만을 드러낸다.

『인간적인 것, 너무나 인간적인 것』

너무 깊이 파악하지 말 것

어떤 사물을 너무 깊이 파악하는 사람은 언제까지나 그것
에 충실하기가 쉽지 않다. 그는 바로 그 깊이를 드러내 버
린 것이다. 그때 언제나 좋지 않은 것을 많이 보게 된다.

『인간적인 것, 너무나 인간적인 것』

무엇으로 성미 급한 사람을 식별할 수 있는가?

서로 싸우거나, 서로 사랑하거나, 서로를 칭찬하는 두 사람 중에 성미가 더 급한 사람이 언제나 더 언짢은 입장을 취하기 마련이다. 이런 사실은 두 나라 국민에게도 적용된다.

『아침놀』

이상주의자의 망상

이상주의자는 모두 자신이 헌신하는 일이 세상의 다른 일
보다 본질적으로 더 낫다고 우쭐거린다. 그리고 그 일이
잘되려면, 인간이 하는 다른 모든 행위가 그렇듯이 악취
나는 거름이 필요하다는 것을 믿으려 하지 않는다.

『인간적인 것, 너무나 인간적인 것』

고상한 성향이란

고상한 성향은 대부분 선량함과 불신 없는 마음으로 이루
어져 있다. 그런데 고상한 성향에는 탐욕스럽고 성공을 거
둔 사람들이 우월감을 갖고 비웃는 태도로 대하는 것도 포
함되어 있다.

『인간적인 것, 너무나 인간적인 것』

자연스러운

결점 중에 적어도 자연스럽다는 말은 어쩌면 인위적이고 모든 점에서 배우 같고 반쯤 진실한 어느 예술가에 대한 마지막 칭찬일지도 모른다. 그런 자는 그 때문에 바로 자기의 결점을 뻔뻔스레 털어놓을 것이다.

『아침놀』

목표와 길

일단 선택한 길을 고집스럽게 가는 사람은 많아도, 목표와
관련해서는 그런 사람이 얼마 되지 않는다.

『인간적인 것, 너무나 인간적인 것』

위대한 목표를 지니면

위대한 목표를 지닌 사람은 자신의 행위나 심판자뿐만 아니라 심지어 정의보다도 우월한 위치에 있다.

『즐거운 학문』

넓은 대자연이 좋은 이유

우리가 넓은 대자연 속에 있기를 좋아하는 것은 자연이 우리에 대해 아무런 견해가 없기 때문이다.

『인간적인 것, 너무나 인간적인 것』

각기 한 가지 문제에는 뛰어난 점이 있다

문명사회에서는 누구나 각기 한 가지 문제만큼은 다른 누구보다도 뛰어나다고 느낀다. 일반적인 호의는 그런 점에 기인하고 있다. 누구나 사정에 따라 남을 도와줄 수 있고, 따라서 부끄럼 없이 도움을 받을 수 있는 한에서.

『인간적인 것, 너무나 인간적인 것』

위대함이란 방향을 제시하는 것을 뜻한다

어떤 강도 자기 혼자만으로 크고 풍부해지지는 않고, 수많은 지류를 받아들여 함께 데리고 감으로써 그렇게 된다. 정신의 모든 위대함도 이와 마찬가지이다. 어떤 자가 방향을 제시하여 수많은 흐름이 그 방향을 따르지 않을 수 없도록 하는 것이 중요한 문제일 뿐이다. 이때 처음부터 그의 재능이 부족한지 또는 풍부한지 하는 것은 중요한 문제가 아니다.

『인간적인 것, 너무나 인간적인 것』

무언가를 좋다고 말하다

결혼을 좋다고 말하는 것은, 첫째 그것을 아직 모르기 때
문이고, 둘째, 그것에 익숙해졌기 때문이고, 셋째 결혼을
했기 때문이다 ― 다시 말해 거의 모든 경우에 그러하다.
그렇지만 그것만으로는 결혼이 좋다고 증명할 수 없다.

『아침놀』

어떤 견해를 고집하기

어떤 사람이 어떤 견해를 고집하는 것은 그 사람이 저절로 그런 견해를 가지게 되었다는 얼마간의 자긍심이 있기 때문이다. 또한 힘들여 그 견해를 익혀서 그것을 파악했다는 것이 자랑스럽기 때문이다. 따라서 두 가지 모두 허영심에서 나온 것이다.

『인간적인 것, 너무나 인간적인 것』

선행도 악행처럼 빛을 꺼린다

선행도 악행과 마찬가지로 빛을 두려워하며 꺼린다. 악행
은 알려짐으로써 고통(처벌)이 다가오는 것을 두려워하
며, 선행은 알려짐으로써 즐거움(다시 말해 허영심의 충
족이 더해지자마자 금세 중지되고 마는 자기 자신에 대한
순수한 즐거움)이 줄어드는 것을 두려워한다.

『인간적인 것, 너무나 인간적인 것』

나의 개

나는 나의 고통에 이름을 붙여 주고 '개'라고 부른다. 그것
은 다른 모든 개처럼 충직하고 집요하게 달라붙고 염치없
고 재미있으며 영리하다. 또한 나는 그것을 야단칠 수 있
고, 기분이 나쁘면 그 녀석에게 화풀이할 수 있다. 다른 이
들이 자신의 개와 하인, 부인에게 그러듯이.

『즐거운 학문』

형벌

우리의 형벌은 참으로 특이한 작용을 한다! 그것은 범죄자를 정화하지 못하고, 어떠한 속죄도 되지 못한다. 반대로 그것은 범죄 자체보다 더 많이 더럽힌다.

『아침놀』

누군가의 진면목이 드러나는 순간

누군가가 어떤 사람인지는 그의 재능이 시들어 갈 때, 그가 할 수 있는 일을 보여 주지 못할 때 드러나기 시작한다. 재능은 일종의 화장이기도 하다. 화장은 또한 일종의 은폐이기도 하다.

『선악의 저편』

청춘

청춘은 불쾌한 것이다. 그 시기는 어떤 의미에서 생산적이
라는 것이 불가능하고, 합리적이지 못하기 때문이다.

『인간적인 것, 너무나 인간적인 것』

너무 큰 목표를 세우는 자

공공연히 너무 큰 목표를 내세우고, 나중에 자신이 그러기에 너무 능력이 부족하다는 것을 몰래 깨닫는 자는 보통 그 목표를 공공연히 철회할 힘도 충분히 없으므로 불가피하게 위선자가 된다.

『인간적인 것, 너무나 인간적인 것』

우리와 가장 가까운 사람

"우리와 가장 가까운 사람은 우리의 이웃이 아니라 그 이웃의 이웃이다." 사람들은 모두 그렇게 생각한다.

『선악의 저편』

주의 사항

괴물과 싸우는 사람은 그러다가 자신이 괴물이 되지 않도록 조심해야 한다. 그대가 오랫동안 심연을 들여다보고 있다면 심연 역시 그대를 들여다볼 것이다.

『선악의 저편』

허영심의 자기애自己愛

허영심 있는 사람은 뛰어나기를 원한다기보다는 자신이 뛰어나다고 느끼려고 한다. 때문에 그는 자기기만의 수단을 배척하지 않는다. 그에게 중요한 것은 타인의 견해가 아니라 타인의 견해에 대한 자신의 견해이다.

『인간적인 것, 너무나 인간적인 것』

허영심에 관해

타인의 허영심이 우리의 허영심에 거슬릴 때만 그것은 우리의 취향에 거슬린다.

『선악의 저편』

빨리 경멸당하는 법

빨리 그리고 많이 말하는 인간과는 잠깐만 교제해도 우리의 존경심이 이례적으로 심하게 떨어진다. 심지어 그가 분별 있게 이야기할 때조차도. 그가 성가시게 여겨짐에 따라 점점 존경심은 떨어진다. 많은 사람들도 그를 성가시게 생각할 것으로 추측되기 때문이다. 그리하여 불쾌감에 우리가 그에게 전제하고 있던 경멸감이 첨가된다.

『아침놀』

표적이 되기

다른 사람들이 우리에 대해 악담할 때, 때로는 우리에게
하는 말이 아니라 전혀 다른 이유에서 생긴 분노나 언짢음
의 표출일 때가 있다.

『인간적인 것, 너무나 인간적인 것』

인간을 복수심에서 구하는 것

인간을 복수심에서 구하는 것, 그것이 내게는 최고의 희망
에 이르는 다리이며, 오랜 폭풍우 뒤의 무지개이다.

『차라투스트라는 이렇게 말했다』

쉽게 체념하는 것의 장점

과거를 추하게 그리는 상상력을 훈련해 두면 소원이 이루
어지지 않았을 때 괴로워하는 일이 적어진다.

『인간적인 것, 너무나 인간적인 것』

목소리에 따른 역할

평소보다 더 큰 소리로 말하지 않을 수 없는 사람(가령 반쯤 귀 먹은 사람이나 많은 청중 앞에서)은 자기가 전달해야 하는 내용을 보통 과장해서 말한다. 그래서 단순히 그의 목소리가 속삭임에 가장 적합하다는 이유 때문에 모반자나 악의적인 험담가, 음모가가 되는 사람이 적지 않다.

『인간적인 것, 너무나 인간적인 것』

후계자를 승인하지 않은 사람

사심 없이 무언가 위대한 일의 기초를 쌓은 사람은 후계자를 키우려고 애쓴다. 자신이 하는 일의 모든 잠재적 후계자를 적으로 보고, 그들에게 맞서 정당방위의 자세로 살아가는 것은 폭군적이자 비천한 본성의 표시이다.

『인간적인 것, 너무나 인간적인 것』

칸트의 기지

칸트는 '모든 세계'를 모욕하는 방식으로 '모든 세계'가 옳다는 것을 증명하려 했다 ─ 이것은 그의 영혼의 은밀한 기지였다. 그는 대중의 편견을 옹호하며 학자에 반대하는 글을 썼지만, 그 글은 학자를 위한 것이었지 대중을 위한 것이 아니었다.

『즐거운 학문』

나쁜 기억력의 장점

나쁜 기억력의 장점은 동일한 좋은 일을 여러 번 처음으로 즐긴다는 데 있다.

『인간적인 것, 너무나 인간적인 것』

칭찬 속의 복수

여기에 칭찬으로 가득 찬 글이 있다. 그대들은 그것을 천박하다고 말한다. 하지만 칭찬 속에 복수가 숨겨져 있다는 것을 알게 되면 그대들은 그것을 극히 정교하다고 여기고, 조그맣고 대담한 장난과 문체의 풍부함에 즐거워할 것이다. 그토록 정교하고 상상력이 풍부하며 독창적인 것은 그라는 인간이 아니라 그의 복수이다. 그 자신은 그런 사실을 거의 깨닫지 못한다.

『아침놀』

인생의 시침에 대해

인생은 극히 뜻깊은 드문 개별적 순간과 기껏해야 그 순간의 실루엣이 우리 주위를 떠도는 무수히 많은 휴지기로 이루어진다. 사랑, 봄, 모든 아름다운 멜로디, 산맥, 달, 바다 — 이 모든 것은 단 한 번만 우리의 심금을 울릴 뿐이다. 그런 것이 온전히 말할 기회를 얻을 경우에 말이다. 많은 사람들은 그런 순간을 전혀 갖지 못한다. 실제 인생이라는 교향곡에서 자신이 휴지부이자 쉼표이기 때문이다.

『인간적인 것, 너무나 인간적인 것』

나는 체계를 세우는 사람을 불신한다

나는 체계를 세우는 모든 사람을 불신하며, 그들을 기피한다. 체계를 세우겠다는 의지는 정직성의 부족에서 비롯된다.

『우상의 황혼』

환대

손님을 환대하는 풍습이 생긴 의미는 낯선 사람의 적대적 요소를 마비시키려는 것이다. 낯선 사람을 더 이상 적으로 느끼지 못하는 경우에는 환대도 덜해진다. 환대는 악의적인 전제가 사라지지 않는 한 꽃을 피운다.

『아침놀』

날씨에 관해

변덕스럽고 예측 불가능한 날씨는 인간들 역시 서로 불신
하게 만든다. 그럴 경우 인간들은 그들의 습관을 버려야
하므로 혁신을 바라게 된다. 그 때문에 전제 군주는 일기
가 도덕적인 지역을 사랑한다.

『아침놀』

우발적인 것이 가장 유서 깊은 귀족

내가 "모든 사물들 위에는 우연이라는 하늘, 순진무구함이라는 하늘, 우발성의 하늘이 있다"고 가르친다면, 이는 참으로 축복이지 모독은 아니다.

'우발적인 것', 이것이야말로 세상에서 가장 유서 깊은 귀족이다. 나는 모든 사물에 그것을 되돌려 주었고, 모든 사물을 목적이라는 노예 상태에서 구해 주었다.

『차라투스트라는 이렇게 말했다』

허영심

허영심은 독창적으로 보이려는 두려움이다. 따라서 자존심의 부족이지만, 반드시 독창성의 부족은 아니다.

『아침놀』

천문학자로서의 현자

그대가 별을 '그대 위에 있는 것'으로 느끼는 한 그대에게
는 인식하는 자로서의 안목이 부족하다.

『선악의 저편』

독창적인 두뇌

진정으로 독창적인 두뇌를 특징짓는 것은 무엇일까? 이는 뭔가 새로운 것을 먼저 보는 것이 아니라 낡은 것, 익히 알려진 것, 누구나 보았지만 간과해 온 것을 새로운 것인 양 보는 것을 말한다. 그것을 최초로 발견한 자는 일반적으로 극히 평범하고 재기 없는 공상가, 즉 우연인 것이다.

『인간적인 것, 너무나 인간적인 것』

범죄자의 걱정

붙잡힌 범죄자는 범죄가 아니라 치욕이나 자신의 어리석음에 대한 불만, 또는 익숙한 요소 없이 지낸다는 것에 시달린다. 이 점에서 구별하기 힘든 섬세함이 필요하다. 감옥이나 교도소에 자주 드나든 사람이면 누구나 그곳에서 명백한 '양심의 가책'을 찾아보기 너무 힘들다는 사실에 놀라워한다. 하지만 옛날의 악한 범죄에 대한 향수는 그만큼 자주 접할 수 있게 된다.

『아침놀』

독창성

독창성이란 무엇인가? 모든 이의 눈앞에 있는데도 아직 이름이 없어 부를 수 없는 어떤 것을 보는 것. 사람들에게 흔히 일어나는 일이지만 이름이 붙여져야 비로소 그들에게 어떤 사물이 보이게 된다 — 독창적인 사람들은 대개 이름을 붙이는 자이기도 하다.

『즐거운 학문』

남을 미워하는 이유

아직 무시하는 한에는 남을 미워하지 않는다. 자기와 똑같
거나 또는 자기보다 더 높다고 평가할 때 비로소 미워하는
것이다.

『선악의 저편』

이상에 이르는 길을 발견할 줄 모르는 자

자신의 이상에 이르는 길을 발견할 줄 모르는 자는 이상이 없는 인간보다 경박하고도 파렴치하게 살아간다.

『선악의 저편』

영원의 관점에서

A "그대는 살아 있는 자들로부터 점점 더 빨리 멀어지고
   있다. 곧 그들은 그대를 명단에서 지워 버릴 것이다!"
B "그것이 망자의 특권에 참여하는 유일한 방법이다."
A "무슨 특권 말인가?"
B "더 이상 죽지 않을 특권."

『즐거운 학문』

보다 희귀한 절제

다른 사람을 비판하려 하지 않고, 그에 대해 생각하기를 거부하는 것은 적지 않은 인간애의 표시일 때가 종종 있다.

『아침놀』

우리 안의 폭군

우리의 더없이 강력한 충동, 우리 안의 폭군에게는 우리의
이성뿐만 아니라 우리의 양심도 굴복한다.

『선악의 저편』

대가의 경지

일을 수행할 때 실수하지도 머뭇거리지도 않을 때 대가의
경지에 도달한 것이다.

『아침놀』

가난

그는 지금 가난하다. 하지만 그가 모든 것을 빼앗겨서가
아니라 모든 것을 내버렸기 때문이다. 그것이 그에게 무슨
대수인가? 그는 발견하는 것에 익숙해져 있는데, 그의 자
발적인 가난을 오해한 사람들이야말로 가난하다.

『즐거운 학문』

우리 청각의 한계

인간은 대답할 수 있는 질문만 듣는다.

『즐거운 학문』

유일한 방법

"변증법은 신적인 존재와 현상의 베일 뒤에 도달하기 위한 유일한 방법이다." 쇼펜하우어가 변증법의 모순에 관해 주장했듯이, 플라톤은 엄숙하고 열정적으로 그렇게 주장했다. 그런데 두 사람 모두 옳지 않다. 그들이 우리에게 하나의 길로 보여 주려는 그것 자체가 존재하지 않기 때문이다. 그러면 지금까지 인류의 모든 위대한 열정은 무無를 위한 열정이 아니었을까? 그리고 그들의 모든 엄숙함은 무를 얻기 위한 엄숙함이란 말인가?

『아침놀』

혐의를 두다

사람들은 마음에 들지 않는 자에게 혐의를 두려고 한다.

『즐거운 학문』

부지런함과 양심적임

부지런함과 양심적임은 때로는 대립 관계에 빠지기도 한다. 부지런함은 신 과일을 따내려 하고, 양심적임은 과일을 너무 오래 달려 있게 해서 결국 떨어져 터지게 한다.

『즐거운 학문』

광기가 흔한 곳

광기는 개인의 경우에는 드문 일이다. 그러나 집단, 당파,
민족, 시대의 경우에는 흔한 일이다.

『선악의 저편』

그러니 조심하라!

비밀을 지켜 달라는 다짐만큼 우리가 다른 사람에게 기꺼이 전달하는 것은 없다. 비밀의 내용과 함께.

『즐거운 학문』

자신의 깨달음을 남에게 알리지 마라

사람들은 자신의 깨달음을 남에게 알리자마자 더 이상 그
것을 사랑하지 않게 된다.

『선악의 저편』

세상 돌아가는 이치

세계는 새로운 가치를 만들어 낸 발명자를 중심으로, 눈에 보이지 않게 돌아간다. 그렇지만 군중과 명성은 배우들을 중심으로 돌아간다. '세상 돌아가는 이치'란 그런 것이다. 배우에게도 정신이 있지만, 그 정신에는 양심이 별로 없다. 배우는 언제나 자신이 가장 강력하게 믿게 만들 수 있는 것, 즉 자기 자신을 믿게 만드는 것을 믿는다!

『차라투스트라는 이렇게 말했다』

우리가 용감하기 어려운 경우

우리들 중 가장 용감한 자라도 그가 진정으로 알고 있는 것에 용감한 경우는 매우 드물다…….

『우상의 황혼』

규칙

"규칙은 내게 예외보다 항상 더 흥미롭다." 그렇게 느끼는
자는 인식 수준이 월등해서 전문가에 속한다.

『아침놀』

본능

집이 불타고 있을 때는 점심마저 잊어버린다. 그렇지만 잿
더미 위에서 뒤늦게 찾아 먹는다.

『선악의 저편』

10

진리에 대하여

거짓말보다 진리에 더 위험한 적은
확신이다.

『인간적인 것, 너무나 인간적인 것』

세 가지 악에 대하여

육욕, 지배욕, 이기심, 이 세 가지는 지금껏 가장 많이 저주받아 왔고, 가장 고약하게 비방받아 왔다. 나는 이 세 가지를 인간적인 면에서 제대로 평가하려고 한다.

육욕. 그것은 시들어 버린 자에게는 달콤한 독이지만, 사자와 같은 의지를 지닌 자에게는 훌륭한 강장제이며 소중히 아껴 온 포도주 중의 포도주이다.

지배욕. 그것은 더없이 냉혹한 자들을 후려치는 벌겋게 달아오른 채찍이고, 잔혹하기 그지없는 자기 자신을 위해 남겨 놓는 무시무시한 고문이며, 화형장 장작더미의 음산하게 이글거리는 불꽃이다.

자기 희열은 저항하려고 하지 않는 자, 독성 있는 침이나 사악한 눈길을 꿀꺽 삼켜 버리는 자, 너무 인내심이 강하고 모든 것을 참는 자, 무슨 일에든 만족하는 자를 미워하고 구역질을 느낀다. 말하자면 그것은 노예적인 속성이기 때문이다.

복된 이기심은 노예이고 노인이며 지친 자가 익살 부리는 모든 것을 사이비 지혜라고 부른다. 그리고 특히 불량하고 몰상식하고 어처구니없는 성직자의 어리석음을 그렇게 부른다. 사이비 현자들, 모든 성직자들, 세상에 지친 자들, 영혼이 여자나 노예의 속성을 지닌 자들. 오, 예로부터 이들의 장난질이 이기심을 얼마나 괴롭혀 왔던가! 그런데 이기심을 괴롭히는 것, 바로 그것이 덕으로 불린 것이다!

『차라투스트라는 이렇게 말했다』

진리의 적

거짓말보다 진리에 더 위험한 적은 확신이다.

『인간적인 것, 너무나 인간적인 것』

진리는 힘을 필요로 한다

진리, 그 자체로는 전혀 힘이 없다 — 아첨하는 계몽가가 그 반대의 말을 하는 데 익숙해져 있기는 해도! 진리는 오히려 힘을 자기편으로 끌어들이거나 힘을 편들어야 한다. 그렇지 않으면 진리는 번번이 파멸을 맞고 말 것이다! 이 것은 충분히, 너무나 충분히 입증된 사실이다!

『아침놀』

진리

지금은 절대적인 진리로 인해 죽는 사람이 아무도 없다.
그 진리에 관한 한 너무 많은 해독제가 있는 것이다.

『인간적인 것, 너무나 인간적인 것』

진리를 위해 죽는다는 것

우리는 우리의 견해를 위해 화형당하려 하지는 않을 것이다. 우리의 견해를 그만큼 확신하지 않기 때문이다. 하지만 우리의 견해를 가져도 되거나 바꾸어도 된다면 혹시 그럴지도 모른다.

『인간적인 것, 너무나 인간적인 것』

아름다움을 얻기란 어렵다

영웅에게는 아름다움이 모든 것 중에서 가장 어렵다. 아름다움이란 어떠한 격렬한 의지로도 얻을 수 없기 때문이다. 조금 넘치기도 하고 조금 모자라기도 하는 것, 바로 그것이 아름다움에서 중요하고도 중요한 것이다.

『차라투스트라는 이렇게 말했다』

언론의 자유

"세상이 산산조각 나더라도 진리를 말해야 한다!" 위대한 피히테는 위대한 입으로 그렇게 외쳤다! 그렇다! 그렇다! 하지만 먼저 진리를 갖고 있어야 할 텐데! 그는 모든 것이 뒤죽박죽이 된다 해도, 각자 자신의 견해를 말해야 한다고 생각한다. 그 문제에 대해서는 아직 그와 논쟁의 여지가 있다!

『아침놀』

최후의 회의懷疑

결국 인간의 진리란 무엇인가? 그것은 인간의 논박할 수 없는 오류들이다.

『즐거운 학문』

키르케*로서의 진리

오류가 동물을 인간으로 만들었다. 진리가 인간을 다시 동물로 만들어 놓을 수 있겠는가?

『인간적인 것, 너무나 인간적인 것』

---

* 그리스 신화에 나오는 마법사로 태양신 헬리오스와 바다의 요정 페르세의 딸이다. 키르케는 약물과 주문을 사용하여 인간을 늑대·사자·멧돼지로 바꿀 수 있었다. 그리스의 영웅 오디세우스가 동료들과 함께 키르케가 사는 아이아이아 섬에 들렀을 때 키르케는 그 동료들을 멧돼지로 변신시켜 버린다.

예술가의 진리 감각

예술가는 진리의 인식과 관련해서 사상가보다 도덕성이 약하다. 예술가는 삶에 대한 찬란하고 심오한 해석을 결코 포기하려 하지 않으며, 냉정하고 단순한 방법이나 결과에 저항한다. 겉보기에 그는 인간의 보다 고귀한 존엄이나 의의를 위해 투쟁한다.

사실 예술가는 자신의 예술에 가장 효과적인 전제들, 즉 환상적인 것, 신화적인 것, 불확실한 것, 극단적인 것, 상징적인 것에 대한 감각, 개인의 과대평가, 천재에게 있는 뭔가 기적 같은 것에 대한 믿음을 포기하려 하지 않는다. 그러므로 예술가는 어떤 형태를 하고 있든, 이 형태가 아무리 단순하다 해도 참된 것에 대한 학문적 헌신보다 자신의 창작 방식의 존속을 더 중요시 여긴다.

『인간적인 것, 너무나 인간적인 것』

진리란 무엇인가

기독교 신자들이 즐겨 내리는 다음의 결론을 누가 받아들이지 않겠는가? "과학은 진리일 수 없다. 하느님을 부정하기 때문이다. 과학은 하느님에게서 나온 것이 아니다. 따라서 과학은 진리가 아니다. 왜냐하면 하느님이 진리이기 때문이다." 그런데 여기에는 결론이 아닌 전제에 오류가 담겨 있다. 만약 하느님이 진리가 아니라면 이것은 어떻게 증명될 수 있을 것인가? 하느님이 인간의 허영심, 권력욕, 초조, 두려움, 황홀함을 느끼고 경악하는 망상이라면?

『아침놀』

진리에 이르는 길

나는 수많은 길과 방법으로 나의 진리에 도달했다. 하지만 한 개의 사다리만 타고 먼 곳을 바라볼 수 있는 높이에 도달한 것은 아니었다!

『차라투스트라는 이렇게 말했다』

추하게 보이는 것

절제는 자기 자신을 아름답게 본다. 절제는 그 자체로 순수한 것이지만, 무절제의 눈에는 조야하고 냉정하게, 따라서 추하게 보인다.

『아침놀』

가장 추한 것

여행을 많이 다녀 보면 세상 어디에서도 인간의 얼굴보다 추한 지역을 발견할 수 없다.

『인간적인 것, 너무나 인간적인 것』

사람들이 정의로워지는 경우

많은 사람들은 한쪽에서 중대한 불의를 저질러야 선한 것과 위대한 것에 관심을 보인다.

『아침놀』

선과 악에 대하여

한 민족이 선이라 부르는 많은 것을, 다른 민족은 웃음거리나 치욕으로 부르는 경우를 나는 보았다. 나는 여기서는 많은 것이 악이라 불리고, 저기서는 보랏빛 명예로 장식되는 것을 보았다. 이웃끼리 서로를 이해한 적은 한 번도 없었다. 한 민족의 영혼은 이웃 민족의 망상과 악의를 언제나 이상하게 생각했다. 민족들은 저마다 선을 적은 게시판을 걸어 두고 있다. 보라, 그것은 민족이 극복한 것을 적은 게시판이다. 보라, 그것은 민족의 힘에의 의지의 게시판이다.

『차라투스트라는 이렇게 말했다』

선과 악은 부단히 극복되어야

영원한 선과 악이란 존재하지 않는다! 선과 악은 자기 자신으로부터 부단히 극복되어야 한다.

가치 평가하는 자들이여, 그대들은 선과 악에 대한 가치 평가와 말로 폭력을 저지른다. 이것은 그대들의 숨겨진 사랑이고, 그대들 영혼의 찬란함이자 전율이며 흘러넘침이다.

『차라투스트라는 이렇게 말했다』

미美의 증가

왜 미는 문명과 더불어 증가하는가? 문명인의 경우에는 추해질 세 가지 기회가 점점 드물어지지 때문이다. 첫째 격한 감정이 폭발할 기회, 둘째 극단적인 정도의 신체적 긴장, 셋째 바라봄으로써 겁을 줘야 할 필요성. 문화가 낮고 위험한 단계에서는 두려움이 너무 크고 빈번해서 스스로 몸짓과 의식儀式도 정하고 추함을 의무로 만든다.

『아침놀』

선악 자체는 그림자일 뿐

선악 자체는 어중간한 그림자일 뿐이고, 눅눅한 슬픔이자
떠다니는 구름일 뿐이다.

『차라투스트라는 이렇게 말했다』

우리 인생의 위대한 시기

우리의 악을 우리의 최선이라고 고쳐 부를 용기를 얻는 때가 우리 인생의 위대한 시기이다.

『선악의 저편』

선한 전쟁*

우리는 그의 말을, "그대들은 새로운 전쟁을 일으키는 수단으로서 평화를 사랑해야 한다. 그것도 오랜 평화보다는 짧은 평화를!"이라고 가르치는 그의 말을 들어야 한다.
"선한 것이 무엇인가? 용감한 것이 선하다. 모든 일을 신성하게 해 주는 것이 선한 전쟁이다." 이렇게 전투적으로 말한 자는 일찍이 아무도 없었다.

『차라투스트라는 이렇게 말했다』

---

* 니체가 여기서 말하는 전쟁은 민족 간의 전쟁이 아닌 자신의 주인이 되는 투쟁, 새로운 가치를 창조하는 투쟁을 뜻한다.

시대에 부합하는 미

우리의 조각가나 화가, 음악가가 시대의 의의를 맞이하려
고 한다면, 그들은 미를 부풀어 오른 거대한 것이나 신경
질적인 것으로 묘사해야 한다. 그리스인이 절도의 도덕에
사로잡혀 미를 벨베데레의 아폴로 상으로 보고 묘사했듯
이. 우리는 사실 그 아폴로 상을 추하다고 해야 할지도 모
른다! 그러나 어리석은 '고전주의자들'은 우리에게서 모
든 정직함을 앗아가 버렸다!

『아침놀』

모든 것이 가고, 모든 것이 되돌아온다

모든 것이 가고, 모든 것이 되돌아온다. 존재의 수레바퀴
는 영원히 굴러간다. 모든 것이 죽고, 모든 것이 다시 꽃피
어 난다. 존재의 세월은 영원히 흘러간다.

하지만 내가 얽혀 들어간 인과의 매듭은 다시 돌아오고,
그것은 나를 다시 창조하리라! 나 자신이 영원회귀의 원
인들에 속해 있는 것이다.

『차라투스트라는 이렇게 말했다』

과학의 미화美化

지금 벌써 철학에 반대하는 목소리가 커지기 시작하고 있다. 그 소리는 이렇게 말한다. "과학으로 돌아가라! 자연과 과학의 자연성으로!" 이로써 어쩌면 가장 강력한 아름다움을 바로 과학의 '야생적이고 추한' 부분에서 발견할 시대가 시작될지도 모른다. 마치 사람들이 루소 이후에 비로소 고산지대와 사막의 아름다움에 대한 감각을 발견한 것처럼.

『아침놀』

베푸는 덕에 대하여

황금은 어떻게 최고의 가치를 얻게 되었는가? 귀하고 쓰임새가 없으며, 번쩍이면서도 빛이 은은하기 때문이다. 금은 이처럼 언제나 자신을 베푸는 것이다.

금은 최고의 덕을 닮았다는 이미지로만 최고의 가치를 지니게 되었다. 베푸는 자의 눈길은 금빛처럼 빛나고, 금빛 광채는 달과 태양 사이에 평화를 맺어 준다.

최고의 덕은 귀하고 쓰임새가 없으며, 번쩍이면서도 빛이 은은하다. 즉, 베푸는 덕이야말로 최고의 덕인 것이다.

『차라투스트라는 이렇게 말했다』

진리의 독단에 반대하여

우리가 우리의 모든 견해를 참으로 보기에는 터무니없다 해도 우리는 그 견해가 홀로 존재하기를 바라지는 않으리라. 나는 왜 사람들이 진리의 독재와 전능을 바라는지 알지 못한다. 내게는 진리가 커다란 힘을 가진 것으로 충분하다. 진리는 싸울 수 있어야 하며, 적대자가 있어야 한다. 우리는 가끔 진리에서 벗어나 비非진리 속에서 피로를 풀 수 있어야 한다. 그렇지 않으면 진리는 지루해지고 무기력해지며 맛이 떨어져, 우리 역시 그런 존재로 만들 것이다.

『아침놀』

덕이란 겸손하고 양순하게 만드는 것이다

인간이 점점 왜소해지는 것은 행복과 덕에 대한 가르침 때문이다. 순종과 비겁함이 인간들의 덕인 것이다. 덕이란 겸손하고 양순하게 만드는 것이다. 그리하여 늑대는 개가 되었고, 인간 자신은 최고의 가축이 되었다.

『차라투스트라는 이렇게 말했다』

아름다움은 어디에 있는가?

아름다움은 어디에 있는가? 내가 온갖 의지를 가지고 의욕해야 하는 곳에 있다. 상像이 상으로만 머물러 있지 않게 내가 사랑하고 몰락하려는 곳에.

『차라투스트라는 이렇게 말했다』

II

책과 글쓰기, 문체에 대하여

책이 펜과 잉크, 책상을 갈망해야 한다.
그러나 대개는 펜과 잉크, 책상이 책을 갈망한다.
그 때문에 지금 책다운 책이 별로 없는 것이다.

『인간적인 것, 너무나 인간적인 것』

양서는 때를 기다린다

모든 양서는 세상에 나왔을 때 떫은맛을 낸다. 양서는 신기함이란 결점을 지니고 있다. 게다가 살아 있는 저자가 유명하고, 그에 관한 많은 일이 알려져 있을 때는 책에 해가 된다. 세상 사람들은 모두 저자와 그의 책을 혼동하곤 하기 때문이다. 이 양서에 담긴 정신, 감미로움, 찬란한 금빛은 세월이 흐름에 따라 자라나는 세대, 그 뒤에는 옛 세대, 이윽고는 후대에 전승된 세대의 숭배를 받으면서 비로소 분명히 드러난다. 그러기 위해서는 많은 세월이 흘러야 하고, 많은 거미가 책에 많은 거미줄을 쳐 두어야 한다. 좋은 독자는 책을 점점 좋게 만들어 주고, 좋은 적수는 책을 정화시켜 준다.

『인간적인 것, 너무나 인간적인 것』

나의 독자에게

건강한 치아와 튼튼한 위장 —
나의 독자에게 그걸 원하노라!
일단 내 책을 견뎌 내면
나와도 사이좋게 지낼 수 있으리라!

『즐거운 학문』

춤추는 것을 가르치는 책

불가능한 것을 가능하다고 서술하고, 윤리적인 것과 독창적인 것에 관해 마치 양자가 하나의 변덕이나 취향에 불과하다고 말함으로써, 인간이 발끝으로 서서 내부의 흥 때문에 춤추지 않을 수 없을 때처럼, 생기발랄한 자유의 감정을 불러일으키는 문필가들이 있다.

『인간적인 것, 너무나 인간적인 것』

차가운 서적

좋은 사상가는 좋은 사고에 담겨 있는 행복에 동감하는 독자를 고려한다. 그래서 차갑고 냉정해 보이는 책도 올바른 안목으로 보면 정신의 청명한 햇살이 감돌고 있으며, 영혼의 참다운 위안처럼 보이는 것이다.

『인간적인 것, 너무나 인간적인 것』

과장된 문체

자신의 고조된 감정을 작품에 발산해서 홀가분해하지 않고, 오히려 팽창된 감정을 타인에게 전달하려는 예술가는 지나치게 허식을 부리는 자이다. 따라서 그의 문체는 과장된 문체이다.

『아침놀』

잘 쓰는 법을 배우기

잘 쓴다는 것은 잘 사고한다는 것을 뜻하기도 한다. 이 말은 전달할 가치가 더욱 큰 것을 생각해 내고, 그것을 실제로 전달할 수 있다는 것을 뜻한다. 또 이웃 나라의 언어로 옮길 수 있다는 것을 뜻한다. 우리 언어를 배우는 외국인에게 이해하기 쉽게 해 주고, 일체의 좋은 것이 공유 재산이 되도록 해서, 모든 것을 자유민이 마음대로 얻게 해 주는 것을 뜻한다. 결국 지금은 아직 요원한 상태를 준비하는 것을 뜻한다. 그것은 지구상의 전체 문화의 지도와 감시라는 위대한 임무가 훌륭한 유럽인의 수중에 들어오게 되는 상태다.

『인간적인 것, 너무나 인간적인 것』

걸음걸이를 주의하기

문장의 걸음걸이는 저자가 지쳐 있는지 어떤지를 보여 준다. 하나하나의 표현은 그와 무관하게 여전히 힘차고 좋을 수 있다. 그 표현을 이전에 그와 별개로, 저자에게 생각이 처음으로 번쩍 떠올랐을 때 발견했기 때문이다. 그래서 괴테는 피곤한 경우에는 자주 구술하곤 했다.

『인간적인 것, 너무나 인간적인 것』

읽어서는 안 되는 책

논리적 역설이라는 극히 역겹고 무례한 태도를 지니는 오만하고 박식한 척하는 자, 정신이 혼란스런 자들이 쓴 글은 절대 읽지 마라. 기본적으로 그들은 뻔뻔스럽게도 모든 것을 즉흥적으로 쓰고 공중누각으로 지어진 곳에 논리적 형식을 적용한다. ('그러므로'란 말은 "어리석은 독자여, 이 '그러므로'란 말은 그대를 위해 있는 것이 아니라, 어쩌면 나를 위해 있는지도 모른다"는 뜻이다. 이에 대한 우리의 대답은 이렇다. "어리석은 저자여, 그대는 대체 무엇 때문에 글을 쓰는가?")

『인간적인 것, 너무나 인간적인 것』

산책하면서 얻은 생각만이 가치가 있다

플로베르는 '앉아 있을 때만 생각하고 글을 쓸 수 있다'고
말했다. 이로써 나는 플로베르를 붙잡았다. 허무주의자
여! 눌러앉아 버티는 끈기는 신성한 정신을 거스르는 죄
악이다. 산책하면서 얻은 생각만이 가치가 있다.

『우상의 황혼』

드문 축제

내용이 담긴 간결함, 안정감과 성숙함, 이런 특성을 어떤 작가에게서 발견했다면 그대는 발걸음을 멈추고 사막 한 가운데서 오랜 축제를 벌여라. 이런 행복은 조만간 두 번 다시 맛보지 못할 테니까.

『인간적인 것, 너무나 인간적인 것』

문체와 화술

글 쓰는 기술은 말하는 자만이 갖는 표현 방식, 즉 몸짓, 강세, 어조, 눈길 등의 대체 수단이 되어야 한다. 그 때문에 문체는 화술과는 뭔가 완전히 다른 것이고, 뭔가 훨씬 까다로운 것이다.

문체는 훨씬 간단한 수단으로 화술과 거의 같을 만큼 자신의 생각을 남에게 전달하려고 한다. 데모스테네스*는 오늘날 우리가 읽는 그의 글과는 전혀 다르게 연설했다. 그는 자기의 연설을 남에게 읽히도록 다시 손질했던 것이다. 키케로**의 연설도 읽히도록 하기 위해 데모스테네스 풍으로 개작해야 했다. 지금 보면 그의 연설에는 독자가 견딜 수 있는 것 이상으로 로마의 광장이 들어 있다.

『인간적인 것, 너무나 인간적인 것』

---

* 고대 아테네의 정치가이자 웅변가이다. 아테네 시민을 선동해 마케도니아의 왕 필리포스와 그의 아들 알렉산드로스 대왕에 대항하도록 만들었다. 그의 연설문은 BC 4세기 아테네의 정치·사회·경제 생활에 관한 귀중한 자료이다.

** 로마의 정치가·법률가·학자·작가이다. 로마 공화국을 파괴한 마지막 내전 때 공화정의 원칙을 지키려고 애썼지만 실패했다. 저술로는 수사법 및 웅변에 관한 책, 철학과 정치에 관한 논문 및 편지 등이 있다. 오늘날 그는 가장 위대한 로마의 웅변가이자 수사학의 혁신자로 알려져 있다.

생각을 개선하기

문체를 개선하는 일은 생각을 개선하는 일을 뜻하며, 그 이상 아무것도 아니다! 이런 사실을 즉각 인정하지 않는 자에게는 어떤 방법으로도 그것을 납득시킬 수 없다.

『인간적인 것, 너무나 인간적인 것』

가능한 가만히 앉아서 생각하지 마라

가능한 앉아 있지 마라. 밖에서 자유롭게 움직이며 생겨나지 않은 생각은 무엇이든 믿지 마라. 모든 편견은 내장에서 나온다. 내가 이미 말했듯이 꾹 눌러앉아 있는 끈기는 신성한 정신에 위배되는 죄다.

『이 사람을 보라』

문체를 망치는 주된 요인

언어나 모든 예술에서 어떤 사물에 대해 실제로 갖고 있는 것보다 더 많은 느낌을 나타내려고 할 때 항상 양식을 망치게 된다. 오히려 모든 위대한 예술은 그 반대의 경향을 보인다. 위대한 예술은 윤리적으로 훌륭한 인간과 마찬가지로 감정을 억제하고 끝까지 발산하지 않는 것을 좋아한다. 감정을 반쯤 드러내는 이런 조심성은 예컨대 소포클레스*에게서 가장 아름답게 관찰할 수 있다. 감정이 자기 자신을 실제보다 냉정하게 드러낼 때 감정의 표정은 아름답게 변용되는 것 같다.

『인간적인 것, 너무나 인간적인 것』

---

* 아이스킬로스, 에우리피데스와 더불어 고대 그리스의 3대 비극 작가 가운데 한 사람이다. 가장 널리 알려진 작품은 『오이디푸스 왕』이다. 그는 희곡을 통하여 긴 생애 동안 최고의 존경을 받았을 뿐 아니라, 고전 문명의 본질적인 요소를 사람들의 관심을 끄는 연극으로 영원히 바꾸었다.

나의 문체 기법

나의 문체 기법에 대한 일반적인 이야기를 하도록 하겠다. 어떤 상태를, 기호의 속도를 포함하여 기호를 통한 파토스*의 내적 긴장을 전달하는 것이 모든 문체의 의미다. 나의 경우 내적 상태가 무척 다양하다는 점을 감안하면 문체에 대한 수많은 가능성이 있다. 지금까지의 인간이 다룬 것 중 가장 다양한 문체 기법이 존재하는 것이다.

내적인 상태를 실제로 전달하고, 기호와 기호의 속도, 몸짓 ― 복합문의 모든 법칙은 몸짓의 기법이다 ― 을 제대로 처리하는 문체는 모두 훌륭하다. 나의 본능은 이런 경우 실수하는 법이 없다. 훌륭한 문체 그 자체는 가령 '아름다움 그 자체', '선 그 자체', '물物 자체'처럼 순수한 어리석음이자, 단순한 '이상주의'에 불과하다……. 문체는 여전히 귀가 있다는 것을 전제한다. 문체는 동일한 파토스를 지닐 능력과 자격이 있는 사람들을 전제하고, 그들에게 자신의 심중을 털어놓기에 부족함이 없다는 것을 전제한다. 나 이전에 사람들은 독일어로 무엇을 할 수 있는지, 언어로 대체 무엇을 할 수 있는지 알지 못했다. 위대한 리듬 기

* 시적인 격정이나 열정. 또는 예술에 있어서의 주관적, 감정적 요소.

법, 복합문의 위대한 문체가 숭고하고도 초인간적인 열정
의 엄청난 상승과 하강을 표현하기 위한 것이라는 사실이
나에 의해 비로소 발견되었다.

『이 사람을 보라』

불멸의 문체

투키디데스*나 타키투스** 모두 그들 작품을 완성하면서 불멸의 작품이 될 것으로 생각했다. 다른 데서는 알 수 없더라도 이미 그들의 문체에서 그러한 사실을 짐작할 수 있다.

한 사람은 자신의 사상을 소금에 절여서, 다른 한 사람은 바짝 졸여서 영속성을 얻을 수 있다고 생각했다. 두 사람 모두 잘못 생각하지는 않은 것 같다.

『인간적인 것, 너무나 인간적인 것』

---

* BC 5세기 후반에 활동한 고대 그리스의 가장 위대한 역사가로, 아테네와 스파르타의 전쟁을 다룬 『펠로폰네소스 전쟁사』의 저자이다. 이 책은 한 국가의 전쟁 수행 정책을 정치적·도덕적으로 분석한 최초의 기록이었다.
** 로마의 웅변가 겸 공직자로 라틴어로 글을 쓴 사람 가운데 가장 뛰어난 산문 작가이자 역사가이다. 저서로는 게르만족에 관한 『게르마니아』, 로마 제국을 다룬 『역사』, 『연대기』 등이 있다.

여담

책이란 통독하거나 낭독하기 위한 것이 아니라 책장을 펼치기 위한 것이다. 특히 산책하거나 여행 중에. 사람들은 머리를 그 안에 집어넣었다가 번번이 다시 빼낼 수 있어야 하고, 자기 주위의 익숙한 광경에는 눈을 돌릴 필요가 없어야 한다.

『아침놀』

읽기와 쓰기에 대하여

피와 잠언으로 글을 쓰는 자는 읽히기를 바라는 것이 아니라 암송되기를 바란다.

산에서 산으로 갈 때 가장 가까운 길은 봉우리에서 봉우리로 가는 것이다. 하지만 그러려면 다리가 길어야 한다. 잠언은 봉우리가 되어야 한다. 그리고 몸집이 크고 키가 껑충 큰 자라야 잠언을 알아들을 수 있다.

『차라투스트라는 이렇게 말했다』

좋지 않은 책

책이 펜과 잉크, 책상을 갈망해야 한다. 그러나 대개는 펜과 잉크, 책상이 책을 갈망한다. 그 때문에 지금 책다운 책이 별로 없는 것이다.

『인간적인 것, 너무나 인간적인 것』

I2

영혼과 정신, 지식에 대하여

허물을 벗지 못하는 뱀은 죽고 만다.
마찬가지로 자신의 견해를 바꾸지 못하는 정신은
정신이기를 그만두는 것이다.

『아침놀』

풍부한 정신을 갖는다는 것

풍부한 정신을 가지면 젊음이 유지된다. 하지만 이때 실제보다 더 늙어 보이는 것을 감수해야 한다. 사람들은 정신의 필적筆跡을 인생 경험, 즉 많이 고약하게 살아온 인생, 고뇌, 방황, 회한의 흔적으로 보기 때문이다. 그러므로 사람들은 풍부한 정신을 가지고 보여 주는 사람들을 실제보다 더 늙게 볼 뿐만 아니라 더 나쁘게 보기도 한다.

『인간적인 것, 너무나 인간적인 것』

허물 벗기

허물을 벗지 못하는 뱀은 죽고 만다. 마찬가지로 자신의 견해를 바꾸지 못하는 정신은 정신이기를 그만두는 것이다.

『아침놀』

경험 바로 옆에서!

위대한 정신의 소유자 역시 다섯 손가락 너비의 경험밖에
하지 못한다— 바로 그 옆에서 그들의 사고가 중지한다.
그리고 그들의 텅 빈 무한한 공간과 그들의 어리석음이 시
작된다.

『아침놀』

거꾸로 된 세상

어느 사상가가 우리에게 불쾌한 명제를 내세우면 보다 예리한 비판을 받는다. 그렇지만 그의 명제가 우리에게 유쾌할 때 그렇게 비판하는 것이 더 합리적일지도 모른다.

『인간적인 것, 너무나 인간적인 것』

소위 말하는 영혼

인간에게 쉽게 일어나고, 그 결과 그가 기꺼이 품위 있게
행동하는 내적 움직임의 총합이 그의 영혼이라 불린다. 내
적인 움직임의 경우 애쓰며 냉혹한 모습을 보이면 그는 영
혼이 없다고 간주된다.

『아침놀』

흐름 속에서

세찬 강물은 많은 돌멩이와 덤불숲을 휩쓸어 가지만, 강력
한 정신은 많은 어리석고 혼란스러운 인간들을 휩쓸어 간
다.

『인간적인 것, 너무나 인간적인 것』

고귀한 영혼

고귀한 영혼은 아무튼 '위'를 쳐다보는 것을 좋아하지 않으며, 수평으로 천천히 자기 앞쪽을 보거나 아니면 아래를 내려다본다. 그는 자신이 높은 곳에 있다는 것을 알고 있다.

『선악의 저편』

시인들에 대하여

누군가가 시인들이 거짓말을 너무 많이 한다고 아주 진지하게 말한다면 그의 말이 옳다. 우린 너무 거짓말을 많이 한다. 우리는 아는 것도 너무 적고, 제대로 배우지도 못한다. 그러니 우리는 거짓말을 할 수밖에 없는 것이다. 우리 시인들 중에 자신의 포도주를 변조하지 않는 자가 있을까? 우리의 지하실에서는 유독한 혼합이 적지 않게 일어났고, 거기서 이루 말할 수 없는 일이 적지 않게 일어났다. 우리는 아는 게 별로 없어서 마음이 가난한 자들을 진심으로 마음에 들어 한다. 젊은 여자의 경우에는 특히 그렇다!

하지만 모든 시인들은 이렇게 생각한다. 풀밭이나 산비탈에 홀로 누워 귀를 쫑긋 세우는 자는 하늘과 땅 사이에 있는 사물들에 대해 무언가를 알게 된다고. 그러다가 애틋한 흥분에 사로잡히면 시인들은 언제나 자연 자체가 자신들에게 반했다고 생각한다. 자연이 자신들의 귀에 은밀한 말과 사랑의 밀어를 속삭인다고 생각하고, 죽을 운명인 모든 인간들 앞에서 이를 뽐내고 자랑한다. 아, 하늘과 땅 사이에는 오직 시인들만이 꿈꿀 수 있는 많은 것들이 있다! 하늘 위에는 특히 그렇다. 모든 신들은 시인들의 비유이자 궤변이기 때문이다.

옛 시인이든 새 시인이든 난 시인에 지쳤다. 이들 모두는 내게 피상적인 것이고, 얕은 바다에 불과하다. 이들은 심오한 것을 충분히 생각하지 못했다. 그 때문에 이들의 감정은 밑바닥까지 가라앉지 못했다. 약간의 관능과 약간의 권태, 이것이 지금까지 이들의 최고의 사색이었다. 이들이 켜는 하프 소리는 내게 유령의 숨결이자 유령이 획 지나가는 소리로 들렸다. 이들은 지금까지 음향의 열정에 관해 무얼 알고 있었단 말인가! 이들은 내가 보기에 충분히 순수하지도 못하다. 이들은 자신의 바다가 깊어 보이게 하려고 모든 물을 흐려 놓는다.

정말이지 이들의 정신 자체가 공작 중의 공작이고, 허영의 바다가 아닌가! 비록 물소가 관객일지라도 시인의 정신은 관객을 원한다! 하지만 나는 이러한 정신에 싫증 났다. 그리고 나는 이러한 정신이 자기 자신에게 싫증 날 때가 오는 것을 본다.

『차라투스트라는 이렇게 말했다』

고귀한 영혼의 위험성

온갖 종류의 상처나 손실을 입었을 때 좀 더 저열하고 조잡한 영혼이 좀 더 고귀한 영혼보다 사정이 더 낫다. 후자의 위험이 더 클 수밖에 없다. 심지어 그들의 생존 조건이 다양하므로 재난을 당하고 파멸할 개연성이 훨씬 크다. 도마뱀의 경우에는 잃어버린 꼬리가 다시 자라나지만 인간의 경우에는 그렇지 않다.

『선악의 저편』

정신적 해방의 위험

한 인간이 진정한 의미에서 정신적 해방을 이루었을 경우
은밀히 그의 열정과 욕구도 해방의 이점을 누리려고 한다.

『인간적인 것, 너무나 인간적인 것』

상실감

상실감이 들 때 영혼은 고상한 기분에 젖기도 한다. 그런 기분이 들면 영혼은 걱정을 단념하고, 시커멓고 키 큰 측 백나무 아래를 걷듯 말없이 산책한다.

『아침놀』

정신의 구체화

어떤 사람이 많이 또한 현명하게 생각하면 그의 얼굴뿐만
아니라 그의 육체도 현명한 모습을 지니게 된다.

『인간적인 것, 너무나 인간적인 것』

폭군 같은 천재

폭군처럼 자기 뜻을 관철시키려는 억제할 수 없는 욕구가
영혼 속에 꿈틀거리고, 그 불을 계속 꺼지지 않게 하면, 아
무리 하찮은 재능을 지닌 사람(정치가나 예술가의 경우)
이라 해도 점차 거의 저항하기 어려운 자연력으로 변해 간
다.

『인간적인 것, 너무나 인간적인 것』

인식의 전장에서

"우리는 사물을 그것이 받아 마땅한 가치보다 재미있게 받아들여야 한다. 특히 우리는 오랫동안 사물을 그것이 받아 마땅한 가치보다 진지하게 받아들였기 때문에." —인식의 용감한 병사들은 그렇게 말한다.

『아침놀』

비유

모든 별들이 원형 궤도로 움직인다고 생각하는 사상가는 아주 심오한 사상가가 아니다. 엄청난 우주 공간 속을 들여다보듯 자기 내면을 들여다보고, 은하수를 내면에 지닌 자는 모든 은하수가 얼마나 불규칙한지도 알고 있다. 이들은 현존재의 혼돈과 미로에까지 뚫고 들어간다.

『즐거운 학문』

얼치기 지식

얼치기 지식이 완전한 지식보다 더 많은 승리를 안겨 준다. 그것은 사물을 실제보다 단순하게 만든다. 따라서 그 견해는 더 이해하기 쉽고 설득력을 갖게 된다.

『인간적인 것, 너무나 인간적인 것』

위대한 정신에 잘 어울리는 겸손

참된 겸손(우리가 우리 자신의 작품이 아니라는 인식을 일컫는다)이라는 게 있는데, 그것은 위대한 정신에 매우 잘 부합된다. 바로 그는 완전한 무책임(자신이 만들어 내는 것에 대해서도)의 사상을 파악할 수 있기 때문이다.

위대한 정신이 자신의 힘을 느끼는 한에는 그의 불손은 미움받지 않는다. 그가 미움받는 것은 다른 사람의 마음을 상하게 하고, 그들을 고압적으로 대하면서, 그들이 이를 어느 정도 견뎌 내는지 지켜봄으로써 자신의 힘을 알아보려고 하기 때문이다.

보통 이런 태도는 심지어 자신감의 부족을 증명해서, 사람들로 하여금 그의 위대함을 의심하게 만든다. 이런 점에서 현명함이라는 입장에서 볼 때 불손한 태도를 취하지 않도록 충고하는 바이다.

『인간적인 것, 너무나 인간적인 것』

자유정신과 결혼

자유정신의 소유자들이 여자와 함께 살아갈 것인가? 일반
적으로 나는 그들이 현재를 진실하게 생각하고 진실을 말
하는 자로서 혼자 날아가는 것을 선호할 것이라고 생각한
다.

『인간적인 것, 너무나 인간적인 것』

자유정신

자유정신은 스스로 자기 자신을 다시 소유하는 자유롭게
된 정신을 말한다.

『이 사람을 보라』

자유로이 떠도는 정신

우리 중 누가 자신을 감히 자유정신이라 부르겠는가? 그가 이런 모욕적인 명칭을 얻게 된 사람들에게 나름대로 경의를 표하고 싶지 않다면 말이다. 그렇게 함으로써 그는 세상의 눈총이나 모욕이라는 짐의 일부를 어깨에 짊어지게 된다.

하지만 어쩌면 우리는 자신을 '자유로이 떠도는 정신'이라고 매우 진지하게(그런데 이 정신과 같은 거만하거나 고매한 반항심 없이) 불러도 되지 않을까. 이는 우리가 자유에 대한 성향을 우리 정신의 가장 강력한 본능으로 느끼고, 속박되고 확고하게 뿌리박힌 지성과는 달리 우리의 이상을 정신적인 유목 생활에서 발견하기 때문이다. 겸손하고 거의 경멸적인 표현을 사용하자면.

『인간적인 것, 너무나 인간적인 것』

학자들은 방관자가 되려고 한다

학자들은 서늘한 그늘에 시원하게 앉아 있다. 이들은 모든 일에 방관하는 자가 되려고 할 뿐, 태양이 내리쬐는 뜨거운 계단에 앉기를 피한다.

『차라투스트라는 이렇게 말했다』

학자들의 선입견

선과 악이 무엇이고, 칭찬할 만한 것과 비난할 만한 것이 무엇인지 모든 시대의 사람들이 알고 있다고 생각하는 것은 학자들의 올바른 판단이다. 그러나 지금 우리가 어느 시대의 사람들보다 그런 것을 더 잘 알고 있다고 생각하는 것은 학자들의 선입견이다.

『아침놀』

학자

학자들은 서로를 잘 믿지 않는다. 이들은 하찮은 책략을 부리며, 절름발이 지식을 지닌 자들을 거미처럼 기다리고 있다. 이들은 언제나 조심스레 독을 조제하고 있다. 그러면서 언제나 손가락에 유리 장갑을 끼고 있다.

『차라투스트라는 이렇게 말했다』

학자들은 상처를 잘 받는다

학자들과 교제해 본 사람은 누구나 아는 사실이지만, 그들은 때때로 아무 악의 없는 한마디 말로 뼛속까지 상처를 받는다. 사람들이 그들에게 경의를 표하려는 순간 학식 있는 그 친구들은 화를 낸다.

『도덕의 계보학』

학자들을 조심하라

좀 더 높은 인간들이여, 학자들을 조심하라! 학자들은 그대들을 싫어한다. 그들은 결실을 맺지 못하기 때문이다. 그들의 눈은 차갑고 메말랐으며, 그들 앞에는 온갖 새가 날개를 뜯긴 채 누워 있다.

열정으로부터 자유롭다는 것도 인식과는 아직 한참 멀었다! 나는 차갑게 식은 정신을 믿지 않는다.

『차라투스트라는 이렇게 말했다』

소위 말하는 고전 교육

우리는 모든 그리스 철학자들의 실용적인 금욕 생활에 대해 어떤 것이라도 배웠는가? 우리는 단 하나의 고대인의 덕이라도 그들이 익힌 방식으로 익힌 적이 있는가? 우리 교육에는 도덕에 대한 전체적인 성찰이 결여되지 않았던가? 그런 만큼 그 성찰에 대한 유일하게 가능한 비판을 하고, 이런저런 도덕으로 살아가겠다는 저 엄격하면서도 용기 있는 시도가 더욱 결여되지 않았던가? 근대인보다 고대인이 더 높이 평가한 어떤 감정을 우리 내부에 일깨워 준 적이 있었던가? 고대의 정신으로 우리에게 하루와 삶의 구분, 삶에 대한 목표를 보여 준 적이 있었던가?

『아침놀』

독일 음악가들

베토벤은 끊임없이 부서지는 흐물흐물해진 낡은 영혼과 끊임없이 다가오는 미래의 너무 젊은 영혼 사이의 중간 사건이다. 그의 음악에는 영원한 상실과 상궤를 벗어난 영원한 희망에 관한 어스름한 빛이 비친다.

펠릭스 멘델스존은 좀 더 경쾌하고 순수하며 행복한 영혼 덕분에 재빨리 존경받았으며 그만큼 빨리 잊혀버리며 독일 음악의 아름다운 돌발 사건으로 치부되었다.

슈만과 더불어 독일 음악은 유럽의 영혼을 위한 목소리를 상실하고 단순한 조국애로 떨어져 버리는 최대의 위기를 맞게 되었다.

『선악의 저편』

천재의 불공정

천재는 다른 천재들이 자신의 동시대인인 경우 그들에게 가장 불공정하다. 천재는 그들을 불필요하다고 생각하기 때문에 쓸데없는 존재라고 간주한다. 천재는 다른 천재들이 없어야 천재일 수 있기 때문이다. 또한 그들의 영향은 그의 영향을 방해하기 때문에 심지어 그들을 해롭다고 일컫기까지 한다.

『인간적인 것, 너무나 인간적인 것』

정신의 피곤함

우리는 가끔 사람들에게 무관심하거나 냉담할 때가 있다. 그런 태도는 냉혹함이나 성격 결함으로 해석되기도 하지만, 실은 단지 정신이 피곤해서 그런 경우가 빈번하다. 정신이 피곤할 경우 우리에게 타인은, 우리가 우리 자신에게 그런 것처럼, 아무래도 상관없거나 성가신 존재이다.

『인간적인 것, 너무나 인간적인 것』

수치

저기 멋진 말이 서서 땅을 긁으며 가쁘게 숨을 몰아쉰다. 기사를 태우고 내달리고 싶은 것이다. 그러나 오, 수치스럽게도! 기사는 오늘 피곤해서 말을 탈 수 없다. 이것이 자기 자신의 철학에 대해 피곤해진 사상가의 수치이다.

『아침놀』

위쪽으로

"산을 가장 잘 오르는 방법은?"
그저 위쪽으로 오르며 그런 생각은 하지 마라!

『즐거운 학문』

시인과 새

불사조는 시인에게 불타올랐다가 숯이 되는 역할을 알려
주었다. "놀라지 마라!" 불사조가 말했다. "그것이 너의
작품이라니! 그것에는 시대의 정신이 없고, 시대에 반대
하는 자의 정신은 더욱 없다. 따라서 그것을 불태워 버려
야 한다. 하지만 이는 좋은 징조이다. 많은 종류의 아침놀
이 있으니까."

『아침놀』

우리, 정신의 비행사와 항해자들

멀리, 가장 멀리 날아가는 이 모든 대담한 새들, 분명 그 새들은 더 이상 날아가지 못해 돛이나 어느 보잘것없는 벼랑에 웅크리고 있을 것이다! 게다가 이 형편없는 거처에도 너무 고마워하면서! 하지만 그렇다고 그들 앞에 탁 트인 엄청난 길이 존재하지 않으며, 그들이 날 수 있는 만큼 멀리 날지 못했다고 추론할 수 있겠는가? 우리의 모든 위대한 스승과 선구자들은 결국 멈춰 서 버리고 말았다. 그것이 더없이 고귀하고 품위 있는 거동은 아니었다. 그들은 피곤한 표정으로 멈춰 선 것이다. 나도, 그대도 그렇게 될 것이다! 그런데 그것이 나와 그대에게 무슨 상관이란 말인가!

다른 새들은 더 멀리 날 것이다! 이 새들은 우리가 날아가려 했던 곳으로 날아갈 것이다. 아직 온통 바다, 바다, 바다인 그곳으로! 그러면 우리는 대체 어디로 날아가려 하는가? 우리는 정말 바다를 넘어 날아가려 하는가? 어떤 욕망보다 더 중요하게 생각되는 이 강렬한 욕망은 우리를 어디로 낚아채 가려고 하는가? 그런데 하필이면 왜 이 방향으로, 지금까지 인류의 모든 태양이 졌던 그곳으로 가려고 하는가? 아마도 언젠가 사람들은 이렇게 말하지 않을까?

우리 역시 서쪽으로 향하면서, 인도에 도달하기를 희망했다고. 그러나 무한성에 좌초하는 것이 우리의 운명이었다고. 그렇지 않은가, 나의 형제들이여? 그렇지 않은가?

『아침놀』

정신의 세 단계 변화에 대하여

나는 여러분에게 정신의 세 단계 변화를 설명하겠다. 정신이 어떻게 낙타*가 되고, 낙타가 어떻게 사자가 되고, 마지막으로 사자가 어떻게 아이가 되는지를.

참을성 있는 정신은 가장 무거운 것을 짊어지고자 한다. 그러므로 무거운 짐을 지고 총총히 사막으로 들어가는 낙타처럼, 정신은 자신의 사막으로 총총히 들어가는 것이다.

그런데 쓸쓸하기 짝이 없는 사막에서 두 번째 변화가 일어난다. 여기서 정신은 사자가 되고, 자유를 쟁취하여 자신이 사막의 주인이 되려고 한다. 정신이 더 이상 주인이나 신으로 섬기려고 하지 않는 거대한 용의 이름은 어떤 것인가? 거대한 용은 "너는 해야 한다"를 뜻한다. 하지만 사자의 정신은 "나는 하려고 한다"를 말한다.

아이는 순진무구함이자 망각이고, 새로운 시작이자 유희이다. 저절로 굴러가는 바퀴이고, 최초의 움직임이며, 신성한 긍정이다.

『차라투스트라는 이렇게 말했다』

---

* "수고하고 무거운 짐진 자들아, 다 내게로 오라, 내가 너희를 쉬게 하리라."(「마태복음」12장 28절) 성경에서는 고통 속에서 번민하며 살아가는 인간을 무거운 짐을 지고 사막을 건너가는 낙타의 신세로 본다.

13

건강과 행복에 대하여

불행에 담겨 있는 영예는 대단히 크다.
그래서 누군가가 "참으로 행복하시겠군요!"라고
말하면 사람들은 보통 그것에 항의한다.

『인간적인 것, 너무나 인간적인 것』

건강의 징조

이의異議, 탈선, 즐거운 불신, 조롱하는 버릇은 건강의 징조
이다. 모든 것을 절대시하는 것은 병적인 것에 속한다.

『선악의 저편』

건강을 돌보기 위해

죄에 대한 믿음과 복수의 오래된 본능으로부터 벗어난다
면, 기독교와 아울러 우리의 적을 축복하고 우리를 모욕한
자들에게 자선을 베푸는 것 자체를 행복한 사람들의 세련
된 현명함으로 간주한다면 삶의 일반적인 감정이 얼마나
홀가분해지겠는가? 죄의 개념을 세상에서 없애 버리자!
그리고 그에 뒤이어 벌의 개념을 내버리자! 이 추방당한
괴물들이 어떻게든 끝까지 살아남으려 하고 자신에 대한
혐오감으로 파멸하지 않는다면, 인간들이 사는 곳이 아닌
다른 어딘가에서 살았으면 한다!

『아침놀』

불행

불행에 담겨 있는 영예(행복하다고 느끼는 것이 마치 천박함, 소박함, 평범함의 표시라도 되는 것처럼)는 대단히 크다. 그래서 누군가가 "참으로 행복하시겠군요!"라고 말하면 사람들은 보통 그것에 항의한다.

『인간적인 것, 너무나 인간적인 것』

새로운 건강

아직 증명되지 않은 미래의 조산아인 우리는 새로운 목적을 위해 새로운 수단이 필요하다. 다시 말해 새로운 건강이, 이전의 어떤 건강보다도 더 강하고 더 능란하고 더 끈질기며 더 대담하고 더 유쾌한 건강, 즉 위대한 건강이 필요하다. 그것은 사람들이 보유하는 것이 아니라 끊임없이 획득하고 또 획득해야 한다.

『이 사람을 보라』

행복에 이르는 길

현자가 바보에게 행복에 이르는 길을 물었다. 이 바보는 이웃 도시로 가는 길을 질문받은 사람처럼 지체 없이 대답했다. "그대 자신에게 경탄하며, 길거리 생활을 하라!"

『즐거운 학문』

행복의 효과

행복의 으뜸가는 효과는 힘의 감정이다. 힘은 자신을 표출하려고 한다. 우리 자신에 대한 것이든 다른 사람들에 대한 것이든, 또는 상상에 대해서든, 우쭐거리는 존재에 대해서든. 자신을 표출하는 가장 일반적인 방법은 선물, 조롱, 파괴이다. 이 세 가지는 모두 하나의 공통된 근본적 충동을 지니고 있다.

『아침놀』

죽음에 대한 생각

인간들이 죽음에 대한 생각을 전혀 하지 않으려는 것을 보면 나는 행복해진다! 나는 그들이 삶에 대해 생각할 때, 수백 배는 더 생각할 가치가 있게 만들어 주는 어떤 일을 기꺼이 하고 싶다.

『즐거운 학문』

축복을 주는 것은 믿음이다

덕은 자신의 덕을 잘 믿는 자에게만 행복과 일종의 축복을
준다. 하지만 자신과 모든 덕을 깊이 불신하는 것을 덕으
로 치는 보다 섬세한 영혼의 소유자에게는 축복을 주지 않
는다. 그러므로 결국 여기서도 축복을 주는 것은 덕이 아
닌 믿음이다.

『즐거운 학문』

식물처럼 자라는 행복

세상의 탄식 바로 옆에, 때로는 화산 활동이 일어난 땅에 인간은 행복의 조그만 동산을 건설했다. 현존재에 관한 인식만을 바라는 자의 시선으로 인생을 바라보든, 또는 순응하고 체념한 자의 시선으로 바라보든, 또는 어려움의 극복을 기뻐하는 자의 시선으로 바라보든, 어디서나 그는 재난 옆에서 행복이 싹트는 것을 발견할 것이다. 더구나 화산 활동이 일어난 땅일수록 행복도 그만큼 클 것이다. 다만 이런 행복으로 고통 자체가 정당화된다고 말하는 것은 우스꽝스러운 일이리라.

『인간적인 것, 너무나 인간적인 것』

비非공리주의자

"많은 악을 행하고 생각하는 힘은 선한 것으로만 여겨지는 무기력보다 더 가치가 있다." 그리스인들은 그렇게 느꼈다. 다시 말해 그들은 유익함이나 좋은 평판보다 힘의 감정을 더 높이 평가했던 것이다.

『아침놀』

행복의 특징

모든 행복감에는 공통되는 두 가지 종류가 있다. 행복의 충만과 감정의 도취이다. 그래서 사람들은 마치 물고기가 물을 만난 느낌이 되어 그 속에서 뛰어다닌다. 선한 기독교인은 기독교인의 방종이 무엇인지 이해할 것이다.

『아침놀』

행복해지려면

"행복해지려면 얼마 안 되는 것으로도 충분하다, 행복해지려면!" 나는 한때 이렇게 말하며 자신이 현명하다고 생각했다. 하지만 그건 불경한 생각이었다. 그러한 사실을 나는 이제 배웠다. 영리한 바보가 말은 더 잘하는 법이다. 바로 가장 적은 것, 가장 나지막한 것, 가장 가벼운 것, 도마뱀이 바스락거리는 소리, 한 번의 숨결, 순간의 눈길, 이처럼 적은 것이 최고로 행복하게 해 준다.

『차라투스트라는 이렇게 말했다』

달아나기 쉬운 행복

깊은 슬픔을 지닌 사람은 행복할 때 자신의 모습을 드러낸다. 그들은 마치 질투심 때문에 행복을 억누르고 질식시키려는 것과 같은 방식으로 행복을 붙잡는다. 아, 그들은 행복이 그들에게서 달아나 버린다는 것을 너무나 잘 알고 있다!

『선악의 저편』

행복의 조건

얼마나 하찮은 것으로도 행복할 수 있는가! 백파이프의
음만 있으면 된다 ─ 음악이 없다면 삶은 하나의 오류이리
라. 독일인은 신도 노래를 부른다고 생각한다.

『우상의 황혼』

니체 연보

1844   10월 15일, 작센 주 뤼첸 근처 뢰켄 마을에서 목사의 아들로 태어남. 어머니 프란티스카 욀러도 목사의 딸이었음.

1846   여동생 엘리자베트 태어남.

1848   동생 요제프 태어남.

1849   7월 30일, 아버지 카를 루트비히 니체가 뇌연화증으로 사망함.

1850   동생 요제프 사망함. 가족이 나움부르크로 이사함. 초등학교에 입학.

1853   성홍열을 앓음. 시를 짓고 작곡을 시작함. 할머니 사망.

1858   나움부르크 근교 슐포르타 김나지움에 다님. 자서전을 쓰기 시작함. 친구 파울 도이센과 평생 동안의 교제가 시작됨.

1860   나움부르크에서 문학과 음악 서클 '게르마니아'를 만듦.

1861   「트리스탄」의 피아노 발췌곡이 발표되어 바그너를 알게 된 무렵부터 셰익스피어, 괴테, 횔덜린 등의 작품을 즐겨 읽음. 부활절에 도이센과 함께 견진성사를 받음. 게르마니아 모임에서 바이런 연구를 발표.

1862   가끔 두통을 앓음. 게르마니아 모임에서 논문 「운명과 역사」를 발표.

1863   에머슨을 최우선 독서 목록에 올림.

1864   시 「알지 못하는 신에게」를 발표. 10월, 본 대학에 입학하여 신학과 고전어문학을 공부함.

1865   리츨 교수를 따라 라이프치히 대학으로 옮겨 고전어문학을 전공함. 처음으로 쇼펜하우어의 주저 『의지와 표상으로서의 세계』를 읽고 커다란 감명을 받음.

1866   에르빈 로데와 교제를 시작함. 디오게네스 라에르티오스에 관

한 연구로 라이프치히 대학에서 주는 상을 받음.

1867 10월 9일~1868년 10월 15일, 나움부르크 포병 연대에 입대하여 포병으로 근무하며 승마와 포 쏘는 법을 배움.

1868 말을 타다가 떨어져 부상을 입음. 군에서 제대하여 대학에 복학함. 〈트리스탄〉과 〈뉘른베르크의 명가수〉 서곡을 듣고 바그너 음악에 심취함.

11월 8일, 라이프치히에서 동양학자인 브로크하우스 집에서 리하르트 바그너와 개인적으로 처음 알게 된 이후 더욱 그에게 열중함.

1869 2월, 리츨 교수의 추천으로 고전어와 고전문학 원외교수로 바젤 대학에 초빙됨.

4월 17일, 프로이센 국적을 버리고 스위스 국적을 취득함.

5월 17일, 루체른 근교 트립셴의 바그너 집을 처음으로 방문.

5월 28일, 바젤 대학에서 「호메로스와 고전어문학」에 관해 취임 강연을 함. 동료 야코프 부르크하르트와의 친교가 시작됨.

1869~1871 『음악의 정신으로부터 비극의 탄생』 집필.

1870 2월, 『비극의 탄생』의 원형이 되는 '소크라테스와 비극'이란 제목의 강연을 함.

3월, 정교수가 됨.

8월, 독불전쟁에 지원하여 위생병으로 종군했으나 이질과 디프테리아에 걸림.

10월, 중병을 얻어 바젤로 돌아옴. 신학자 프란츠 오버베크와의 교제가 시작됨.

1871 2월 25일, 건강상의 이유로 휴가를 얻어 4월 초까지 여동생과

함께 루가노에 체재함.

1872　연초에 『음악의 정신에서 나온 비극의 탄생』 출간함.

2~3월 바젤에서 '교육 제도의 미래' 강연(유고로 처음 출간됨).

4월, 바그너가 트립센을 떠남.

5월, 멜렌도르프에 의한 『비극의 탄생』 공격문이 나오고, 로데
가 이를 반박함. 5월 22일, 바이로이트의 축제극장 기공식. 바이
로이트에서 바그너와 만남.

1873　이해부터 몸이 좋지 않고, 특히 심한 편두통을 앓음. 제1권 『반
시대적 고찰: 다비드 슈트라우스 고백자이며 저술가』. 제2권
『반시대적 고찰: 역사의 장단점에 관해서』(1874년에 출간). 단
편 「그리스 비극 시대의 철학」(유고로 처음 출간됨).

1874　제3권 『반시대적 고찰: 교육자로서의 쇼펜하우어』 출간. 바그너
의 초대로 8월 14일부터 15일까지 바이로이트에 머뭄. 에머슨을
읽음.

1875　눈병과 위장병이 악화됨.

1875~1876　제4권 『반시대적 고찰: 바이로이트의 리하르트 바그너』 집
필.

1875　10월 음악가 페터 가스트(본명 하인리히 쾨제리츠)와 처음으로
알게 됨.

1876　1월 초, 병으로 인해 고등학교 수업을 면제받음.

4월, 제네바에서 네덜란드 여류 음악가 마틸데 트람페다흐에게
청혼했다가 거절당함.

7월 초, 제4권 『반시대적 고찰: 바이로이트에서의 리하르트 바
그너』 출간.

8월, 최초의 바이로이트 축제극에 갔지만 바그너 숭배 분위기를 견디지 못하고 도중에 그곳을 떠나 바이에른의 크림겐부른으로 가서 『인간적인 것, 너무나 인간적인 것』 초고를 씀.

9월, 철학자 파울 레와 친교가 시작됨. 병이 심각해짐.

10월, 바젤 대학으로부터 병가를 얻음. 레 및 말비다 폰 마이젠부르크와 함께 소렌토에서 겨울을 보냄.

10월~11월, 소렌토에서 바그너와 마지막으로 함께함.

1876~1878 『인간적인 것, 너무나 인간적인 것』 제1부를 읽은 바그너가 니체와 결별함.

1877 9월 이후 여동생과 함께 지내며, 페터 가스트가 조수로 일함.

1878 1월 3일, 바그너가 마지막으로 「파르시팔」을 니체에게 보냄.

5월, 『인간적인 것, 너무나 인간적인 것』을 증정하며 바그너에게 마지막으로 편지를 보냄.

6월, 여동생이 어머니에게 돌아감. 건강 상태가 악화됨.

1879 6월 14일, 병이 심해져 바젤 대학 교수직 사임함. 3천 프랑의 연금을 받게 됨. 1년 간 118회의 발작에 시달림.

1880 『방랑자와 그의 그림자』, 『인간적인 것, 너무나도 인간적인 것』 제2부.

3월~6월, 페터 가스터와 휴양하며 처음으로 베네치아에 머묾. 스탕달과 슈티프터의 『늦여름』을 읽음.

9월, 나움부르크에 돌아옴.

11월부터 제네바에서 최초의 겨울을 보냄.

1880~1881 『아침놀』 집필.

1881 여름에 질스마리아에서 산책을 하다가 영원회귀 사상을 구상함.

11월 27일, 제네바에서 처음으로 비제의 〈카르멘〉을 듣고 감동함.

1882 『즐거운 학문』 출간. 시집 『메시나에서의 전원시』 발표.
3월, 시칠리아 여행.
4월~11월, 로마에서 루 살로메와 알게 됨, 이후 두 차례 청혼하지만 거절당함.
11월부터 라팔로에서 겨울을 보냄.

1883 2월, 라팔로에서 『차라투스트라는 이렇게 말했다』 제1부 출간.
6월 24일 이후, 질스마리아에 체재.
12월부터 니스에서 첫겨울 보냄. 이때부터 1888년까지 여름은 질스마리아에서, 겨울은 니스에서 보냄.

1884 1월, 니스에서 『차라투스트라는 이렇게 말했다』 제3부 출간.
8월, 하인리히 폰 슈타인이 질스마리아로 니체를 방문함.
11월부터 다음해 2월까지 망톤과 니스에서 『차라투스트라는 이렇게 말했다』 제4부 집필.

1884~1885 『선악의 저편』 집필.

1885 2월, 『차라투스트라는 이렇게 말했다』 제4부 자비로 출판. 질스마리아에서 여름을 보내며 『힘에의 의지』 구상. 아우구스티누스의 『고백록』을 읽음.
5월 22일, 여동생 엘리자베트가 반유대주의자인 푀르스터와 결혼함.

1886 여동생이 남편과 함께 파라구아이로 이주함.
5월~6월, 라이프치히에서 에르빈 로데와 마지막으로 만남.
6월, 『선악의 저편』 자비로 출판.

1887 『아침놀』 출간.

2월, 도스토옙스키 작품을 읽음. 2월 23일, 니스에 대지진 일어남. 건강이 악화된 상태에서 6월에 루 살로메가 언어학자 안드레아스와 결혼했다는 소식을 듣고 우울증에 빠짐.

11월 『도덕의 계보학』 출간. 11월 11일, 에르빈 로데에게 마지막 편지를 씀.

1888 『힘에의 의지』 집필.

4월, 처음으로 니스를 떠나 토리노에 체재함. 게오르크 브란데스가 코펜하겐 대학에서 '독일의 철학자 프리드리히 니체에 관해서' 강의함.

5월~8월, 『바그너의 경우』, 『디오니소스 찬가』를 완성.

8월~9월, 『우상의 황혼』 집필.

9월, 『안티그리스도, 그리스도교 비판의 시도』, 『바그너의 경우』를 출간함.

10월~11월 『이 사람을 보라』 집필.

12월, 『니체 대 바그너』 집필.

1889 1월 초, 토리노의 카를로 알베르트 광장에서 채찍에 맞는 말을 보고 눈물을 흘리며 감싸 안다가 발작을 일으킴. 친구 오버베크가 바젤로 데려가 정신병원에 입원시킴. 1월 3일부터 7일까지 '디오니소스' 또는 '십자가에 못 박힌 자'라고 서명한 괴상한 편지를 각처로 보냄. 1월 10일, 바젤의 정신병원에서 진행성 마비증으로 진단받음. 1월 17일, 어머니와 같이 예나로 가서 대학병원 정신과에 입원함. 1월 말, 『우상의 황혼』, 『니체 대 바그너』, 『이 사람을 보라』 출간.

1890 어머니가 니체를 나움·베르크로 데려가서 돌봄.

1891 여동생이 니체의 작품에 간섭하기 시작함.

1892 페터 가스트에 의해 전집이 기획됨. 유고가 정리, 발표됨.

1893 9월, 여동생이 사업에 실패하고 파라구아이에서 돌아옴.

1894 광인이 된 니체는 거의 외출을 못하게 됨. 여동생이 가스트에 의
한 전집의 중지를 명령하고 니체 전집을 편찬하기 위한 니체 문
서보관소 설립.

1895 마비 증세가 자주 나타남.

1897 부활절에 어머니 돌아가심. 누이동생이 바이마르로 데려감.

1899 여동생에 의해 전집 출간이 시작됨.

1900 8월 25일, 바이마르에서 사망. 8월 29일, 고향 뢰켄에 안장됨.

발췌 문헌

니체 비평본 전집(Nietzsche Werke, Kritische Gesamtausgabe)
중에서

『인간적인 것, 너무나 인간적인 것 *Menschliches, Allzumenschliches*』
『아침놀 *Morgenröthe*』
『즐거운 학문 *Die frohe Wissenschaft*』
『차라투스트라는 이렇게 말했다 *Also sprach Zarathustra*』
『선악의 저편 *Jenseits von Gut und Böse*』
『도덕의 계보학 *Zur Genealogie der Moral*』
『우상의 황혼 *Götzen-Dämmerung*』
『안티그리스도 *Antichrist*』
『이 사람을 보라 *Ecce homo*』